# La palabra exacta

**Biografía**

Miguel Ángel Velasco es graduado en Psicología y Educación Social. Su pasión por viajar y conocer nuevas culturas le ha llevado a vivir en lugares como México. Desde hace años dedica su tiempo libre a compartir la riqueza del vocabulario —desde términos a expresiones— de alrededor del mundo mediante su perfil en redes sociales @diccionariovip, que cuenta con más de tres millones de seguidores. Es autor de *La palabra exacta* (2023) y *La vida en palabras* (2024).

**Miguel Ángel Velasco**
**(@diccionariovip)**

# La palabra exacta

*¿Alguna vez has querido expresar algo y no has sabido cómo?*

temas de hoy

PEFC Certificado

Este libro procede de bosques gestionados de forma sostenible

PEFC

PEFC/14-38-00305 www.pefc.es

La lectura abre horizontes, iguala oportunidades y construye una sociedad mejor. La propiedad intelectual es clave en la creación de contenidos culturales porque sostiene el ecosistema de quienes escriben y de nuestras librerías.
Al comprar este libro estarás contribuyendo a mantener dicho ecosistema vivo y en crecimiento.
En **Grupo Planeta** agradecemos que nos ayudes a apoyar así la autonomía creativa de autoras y autores para que puedan seguir desempeñando su labor.
Dirígete a CEDRO (Centro Español de Derechos Reprográficos) si necesitas fotocopiar o escanear algún fragmento de esta obra. Puedes contactar con CEDRO a través de la web www.conlicencia.com o por teléfono en el 91 702 19 70 / 93 272 04 47
Queda expresamente prohibida la utilización o reproducción de este libro o de cualquiera de sus partes con el propósito de entrenar o alimentar sistemas o tecnologías de inteligencia artificial.


Corrección de estilo a cargo de Harrys Salswach

Ediciones Temas de Hoy, un sello editorial de Editorial Planeta, S. A.
Avda. Diagonal, 662-664, 08034 Barcelona (España)
www.temasdehoy.es
www.planetadelibros.com

Adaptación de la cubierta: Booket / Área Editorial Grupo Planeta
Ilustraciones de la cubierta y de los interiores: © Martyshova Maria / Shutterstock
Símbolo de la página 337: Shutterstock
Primera edición en Colección Booket: enero de 2025

Depósito legal: B. 20.175-2024
ISBN: 978-84-10293-32-8
Impresión y encuadernación: CPI Black Print
*Printed in Spain* - Impreso en Italia

# ÍNDICE

# INTRODUCCIÓN

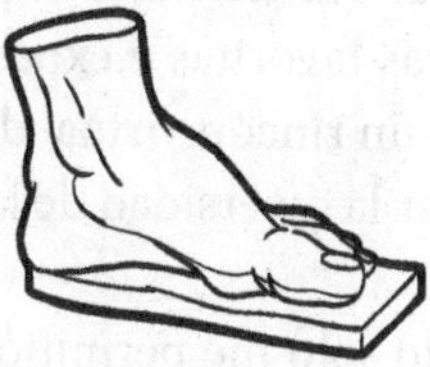

Hace unos años me encontraba inmerso en un momento de autodescubrimiento y fascinación por el mundo que me rodeaba. Fue durante una tarde solitaria, mientras hojeaba un libro de poesía, cuando me topé con la palabra *saudade*, una joya del portugués que denotaba melancolía y nostalgia. Me sentí cautivado por la idea de que una sola palabra pudiera transmitir tanto sentimiento. Inspirado por esta revelación, comencé a explorar palabras similares en otros idiomas, palabras que expresaban emociones y conceptos intraducibles. Fue así como descubrí *waldeinsamkeit* en alemán, una sensación de conexión con la naturaleza en soledad, o *forelsket* en noruego, la euforia del enamoramiento inicial.

Mi mente bullía de entusiasmo y empecé a coleccionar estas palabras extrañas y hermosas en un cuaderno. Pero sabía que estas gemas lingüísticas merecían ser compartidas con el mundo. Fue entonces cuando nació la idea de crear @diccionariovip en Instagram. Con cada publicación, compartía una palabra y su significado, acompañada de una imagen que evocara esa emoción intraducible. Cada palabra se convertía en una pequeña obra, un regalo para aquellos que también buscaban la belleza en lo inexplorado.

Poco a poco, Diccionario VIP comenzó a atraer a una comunidad de amantes de las palabras, ávidos de descubrir nuevas formas de expresión. Recibía mensajes de personas que compartían sus propias palabras favoritas y experiencias personales ligadas a ellas. Era como un rincón virtual donde las más curiosas se reunían para explorar la diversidad de la experiencia humana a través del lenguaje.

Abrir esa cuenta no solo me permitió compartir mi pasión por las palabras, sino que también me conectó con gentes de todo el mundo, demostrándome que, a pesar de nuestras diferencias, todos compartimos el deseo innato de comprender y comunicar la complejidad de la vida. En cada palabra, encontraba un puente entre culturas y un recordatorio de que la belleza y la singularidad están en todas partes: solo necesitamos mirar con atención para descubrirlas, solo necesitamos encontrar la palabra exacta.

Este libro es un recorrido emocional que abarca más de mil palabras en más de cien idiomas. Cada cual, de una cultura única, rica en historias y perspectivas de lo más atractivas. Piensa en este libro como un tesoro que contiene la diversidad de nuestro mundo, en el que cada palabra nos revela algo especial sobre la aventura de estar vivos. Aunque el lenguaje que usamos y los lugares de los que venimos sean diferentes, es maravilloso descubrir las emociones que nos unen. Cada palabra de este libro es una ventana a nuestra humanidad compartida: te espera para ofrecerte compañía, alivio, emoción o saciar tu curiosidad, según lo que necesites en cada momento. Usa el índice para navegarlo. O no lo uses y ábrelo al azar, como prefieras. Sea como sea, ojalá te sirva.

# SI HOY NECESITAS ESTAR SOLO

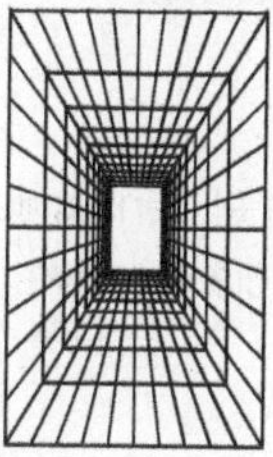

En ocasiones, en medio del bullicio y la constante ebullición social, surge la necesidad de buscar un momento de soledad. Dicha soledad se convierte en una oportunidad para explorar tu interior, acceder a pensamientos más íntimos e indagar en ti mismo. Es un tiempo de autodescubrimiento y reflexión en el que se abre paso la paz y la claridad necesarias para avanzar en el camino. Es un refugio acogedor donde recargar energía y revitalizar el bienestar emocional. Si hoy necesitas estar solo, disfrútalo.

*Estados solitarios*

**INTROSPECCIÓN**
Es la práctica de mirar hacia adentro y examinar nuestros pensamientos, emociones y recuerdos.

**ENSOÑACIÓN**
Es un estado que despierta el pensamiento fantástico y convierte la soledad en una experiencia creativa.

**ANACORETA**
Aquel que reside en un lugar aislado y se dedica por completo a la reflexión y la penitencia.

**ERMITAÑO**
Quien vive en soledad.

**ROBINSÓN**
Persona que atiende sus necesidades básicas sin depender de la ayuda de otros. Hace referencia a Robinson Crusoe, el personaje principal de la novela del mismo nombre escrita por Daniel Defoe, *c.* 1659-1731. Robinson Crusoe es un personaje icónico de la literatura que encarna la lucha por la supervivencia en condiciones adversas y la capacidad del ser humano para adaptarse y sobrevivir en una isla desierta.

**STUBENHOCKER** (alemán)
Aquel que pasa mucho tiempo en casa, especialmente dentro de una sola habitación, y que evita salir o participar en actividades al aire libre.

**SOLITUDE:**
**por disfrute y voluntad propia**

La *solitude* es un término inglés que se refiere a la decisión de estar solo de manera intencional, sin sentirse necesariamente aislado. A diferencia de la «soledad», que por lo general tiene una connotación negativa y puede generar tristeza, aislamiento y apatía, la *solitude* se experimenta como una elección consciente y positiva en busca de tiempo para la reflexión, el autodescubrimiento y la renovación personal.

La *solitude* favorece la calma, la paz interior y el enriquecimiento espiritual. Es un espacio en el que uno se aleja de las distracciones externas y se sumerge en una experiencia más profunda consigo mismo.

*La belleza oculta en la soledad*

La soledad, a menudo malentendida, encierra una belleza oculta. Nos regala un tiempo valioso para cuidar de nosotros mismos y explorar nuestro mundo interior. Es en este estado solitario cuando descubrimos la fuerza que nos habita. Los siguientes conceptos no podrían entenderse sin cierta capacidad para estar a solas.

**SERENDIPIA** (inglés)
La magia de encontrar algo valioso mientras se busca otra cosa.

**MONO NO AWARE** (japonés)
Cierto tipo de sensibilidad y capacidad para sorprenderse y conmoverse; experimentar una melancolía o tristeza especial ante la fugacidad de la vida y del amor.

**BOKETTO** (japonés)
Acto de mirar fijamente al vacío o al espacio sin un objetivo específico, como cuando estás perdido en tus pensamientos y observas sin enfocarte en nada en particular.

## *Palabras japonesas para usar cuando estás a solas*

En los últimos años, Japón ha enfrentado una creciente preocupación por el aislamiento social, tanto que ha surgido la necesidad de abordarlo de manera oficial. Como respuesta a esta realidad, a raíz de la pandemia se estableció en el país nipón el Ministerio de Soledad, la primera entidad gubernamental del mundo dedicada a este tema. Tiene sentido si sabemos que su vocabulario posee una riqueza excepcional a la hora de abordar este sentimiento.

**KODOKU**

Se refiere a la sensación de estar aislado. Evoca tristeza y melancolía.

**HITORI**

Describe un estado de soledad físico o emocional.

**SABISHISA**

Esta palabra se traduce como «tristeza por estar solo». Expresa la sensación de sentirse vacío por el hecho de estar a solas.

**MUNASHISA**

Describe una falta de propósito o significado vital relacionada con la sensación de soledad.

**SAMISHIGARI**

Quien tiene tendencia a necesitar la atención de los demás y anhela compañía.

**URAMI**

Da nombre a la amargura que puede surgir cuando alguien se siente aislado o resentido.

## HIKIKOMORI:
## el síndrome de la retirada social

En Japón, el fenómeno *hikikomori* es un patrón de comportamiento social retraído y evitativo que se observa principalmente en jóvenes y adolescentes. Eligen aislarse del mundo exterior y se encierran en sus hogares, a menudo por periodos prolongados, y evitan todo contacto social desvinculándose de la realidad. El término *hikikomori* se compone de las palabras japonesas *hiki* (retroceder) y *komoru* (entrar), y describe la tendencia a retirarse a un espacio seguro y protegido, como las propias habitaciones, donde pueden pasar el tiempo en soledad y eludir cualquier interacción. Los *hikikomoris* a menudo encuentran consuelo y evasión en actividades solitarias, como navegar en Internet, las redes sociales, los videojuegos o la inmersión en sus propios intereses personales.

## *El budismo: un camino solitario*

La soledad y el budismo están estrechamente relacionados. El budismo considera la soledad como una oportunidad valiosa para el crecimiento espiritual y la comprensión de la naturaleza de la existencia. Aunque el budismo enfatiza la interrelación de todos los seres y la importancia de la compasión, también reconoce la relevancia de la soledad como medio para la autorreflexión, la meditación y la realización.

En el marco del lenguaje budista, la soledad se asocia con la experiencia de la **ŚŪNYATĀ** (vacuidad), la idea de que todo carece de una existencia inherente y permanente. También, trata conceptos como la **VIPASSANA**, una forma de meditación budista que supone una observación precisa de la realidad tal como es, o el **SAMADHI**, un estado de concentración alcanzable en momentos de meditación intensa.

## *Schopenhauer, un maestro pesimista*

Arthur Schopenhauer, filósofo alemán del siglo XIX, abordó el tema de la soledad desde una perspectiva pesimista y existencialista. Para el filósofo, la soledad es inherente a la condición humana y está arraigada en la naturaleza misma de la especie. Podemos explorar su visión de la soledad a través de los siguientes conceptos:

**VOLUNTAD**

Según Schopenhauer, la vida es impulsada por una «voluntad ciega» que genera insatisfacción constante. La soledad puede ser entendida como el reflejo de esa voluntad.

**DESESPERANZA**

La soledad de la existencia, en ocasiones, nos hace sentir separados de los demás y desprovistos de verdaderas vinculaciones, dando lugar a la desesperanza.

**PESIMISMO**

La soledad resalta la naturaleza dolorosa y efímera de la existencia humana, condición de partida del pensamiento pesimista del filósofo.

**TRASCENDENCIA**

La soledad es el camino hacia lo elevado. En el silencio podemos encontrar vías que nos relacionen con la sabiduría y el consuelo que se desprende de la contemplación atenta de nuestra propia existencia.

### MONACHOPSIS: la sensación de no-pertenecer

La *monachopsis* es un término que fue recogido por John Koenig en *The Dictionary of Obscure Sorrows* y que da nombre a la sensación de estar fuera de lugar o no encajar en un entorno particular. Del griego *monachus* (sola, solitaria) y *opsis* (visión), este término hace referencia a la sensación persistente de ser diferente; es la sensación persistente de ser distinto o de estar rodeado de personas y, sin embargo, sentirse solo.

La *monachopsis* puede conllevar tanto una percepción de aislamiento, como la búsqueda de un lugar donde uno se sienta comprendido y aceptado. Este anhelo de vinculación con los demás y de un sentido de pertenencia no necesariamente nace de una soledad circunstancial, sino más bien de un desánimo emocional y de una percepción de no encajar en un entorno concreto.

### EREMOFOBIA: el miedo a quedarse a solas

La eremofobia describe un miedo intenso y persistente a estar solo o a encontrarse aislado. Es un trastorno de ansiedad que puede generar un malestar en quienes lo experimentan. Las personas con eremofobia suelen sentir un temor abrumador ante la idea de estar solas, independientemente del entorno o las circunstancias. Se trata de un trastorno específico y no debe confundirse con la simple preferencia por la compañía o el deseo de evitar la soledad ocasional.

*Cosas que no podemos compartir*

**CATARSIS** (griego)
Poderosa liberación emocional que suele darse ante el arte o una forma de belleza. Transformación de los sentimientos experimentada en solitario. Proceso y purificación que proporciona alivio y sanación.

**EKSISTENSIELL ENSOMHET** (noruego)
Una sensación de soledad existencial que va más allá de la ausencia de compañía. Nos impulsa a buscar sentido y propósito.

**SOLA** (italiano)
En italiano, como en español, «solo» también connota un matiz emocional afín a la sensación de ser una persona solitaria y estar aislada.

**KALSARIKÄNNI** (finés)
Consumir bebidas alcohólicas solo, en casa, en ropa interior sin intención de salir.

**EREMIOMANÍA:**
**el anhelo obsesivo de la vida solitaria**

La *eremiomanía* es sentirse muy interesado en vivir solo o alejarse de la gente. Es como tener un deseo fuerte de estar en lugares tranquilos y aislados, como en el campo o en las montañas. El término proviene de la palabra griega *eremia* que significa «desierto» o «lugar solitario».

La *eremiomanía* es más que querer estar solo de vez en cuando, es sentir una necesidad muy fuerte de alejarse de la sociedad y vivir en soledad.

## *Cien años de soledad*

*Cien años de soledad* es una novela escrita por el autor colombiano Gabriel García Márquez, publicada por primera vez en 1967 en el marco del boom latinoamericano. La historia narra la saga de la familia Buendía a lo largo de varias generaciones en el ficticio pueblo de Macondo. La soledad se convierte en un elemento central en la vida de los Buendía y otros habitantes de Macondo, influyendo en sus acciones, pensamientos y relaciones. Algunas de las palabras que utiliza el autor para dar color a este sentimiento en su obra maestra son:

**SORTILEGIO**
Adivinación que se hace por suertes supersticiosas.

**AMEDRENTAR**
Infundir miedo.

**ABNEGACIÓN**
Sacrificio que alguien hace de su voluntad, de sus afectos o de sus intereses, generalmente por motivos religiosos.

**CACHIVACHE**
Trasto, objeto inútil.

**IMPÁVIDO**
Valiente, intrépido, osado.

**INSONDABLE**
Misterioso, recóndito.

## HONJOK:
## el arte de disfrutar de la soledad

*Honjok* es un término coreano que refiere a las personas que disfrutan de estar solas y prefieren pasar tiempo en soledad. Es un concepto que ha ganado popularidad en la sociedad moderna, especialmente entre los jóvenes en Corea del Sur.

*Honjok* se deriva de *hon* (solo) y *jok* (tribu), lo que significa que uno se aleja de la presión social y disfruta de su propia compañía. No implica necesariamente aislamiento completo, sino más bien una elección consciente de buscar tiempo a solas para reflexionar, recargarse y disfrutar consigo mismo. Puede incluir actividades como ir a restaurantes, viajar, ir al cine o relajarse en casa. Además, el término *honjok* promueve el autocuidado y el autodescubrimiento desde la independencia y la libertad de la compañía de otros.

# SI HOY NECESITAS PERDONAR

La capacidad de perdonar es uno de los requisitos para acercarnos a la paz interior. El perdón es un acto de generosidad y compasión que nos brinda la oportunidad de sanar heridas emocionales, reconstruir relaciones y crecer. En un mundo de imperfecciones y conflictos, nos invita a descubrir el impacto de estos en nuestras vidas y en las relaciones con los demás, así, abrimos un camino hacia la reconciliación.

## *Conceder el perdón… o no*

El perdón nos insta a decidir si debemos dejar atrás un error o una herida causada por alguien más. Algunos creen que perdonar es liberador, mientras que otros piensan que es un signo de debilidad o que no es justo. Perdonar depende de las circunstancias y valores personales.

**YONGSEO** (coreano)
Pedir el perdón y la absolución por algo que hiciste mal en el pasado.

**AFWA** (árabe)
Conceder el perdón y la indulgencia hacia alguien que ha cometido una ofensa.

**TAMPO** (tagalo)
Retirada del afecto hacia una persona que ha herido tus sentimientos.

## *La vergüenza ajena*

**ALIPORI**

Es la vergüenza que sentimos cuando presenciamos o somos testigos de la humillación ajena. Su raíz proviene del latín *alius* (otro) y *pudor* (vergüenza), lo que la convierte en una palabra precisa para este sentimiento.

**MYÖTÄHÄPEÄ** (finés)

Sensación que se siente al presenciar o ser testigo de la vergüenza de alguien más.

*Pedir disculpas*

Cuando reconocemos que nos equivocamos, nos sentimos mal por ello y tratamos de arreglarlo, pedimos disculpas. Esto es esencial en nuestras relaciones con los demás y la forma de hacerlo puede variar en diferentes situaciones y culturas.

**FORGIVENESS** (inglés)
Acto de liberar resentimientos, rencores o culpas hacia alguien.

**VERZEIHUNG** (alemán)
Pedir disculpas o solicitar el perdón de alguien.

**DRACHENFUTTER** (alemán)
Se traduce como «comida de dragón». Sin embargo, en otro sentido, se refiere a un regalo o gesto de disculpa que alguien lleva a casa para calmar a su pareja después de haber cometido un error o haberse comportado de manera inadecuada.

**MSAMAHA** (swahili)
Significa perdón y se usa tanto para pedir disculpas como para referirse al acto de perdonar a alguien.

## *El arte de disculparse en japonés*

Pedir disculpas en japonés se hace de varias formas según la situación, la gravedad y el nivel de formalidad. Aquí tienes algunas de ellas:

**SUMIMASEN**

Es la forma más común y una de las palabras japonesas más utilizadas. Su uso suele limitarse a enmendar molestias leves.

**MOSHIWAKE NAI**

Es una de las formas más formales de disculparse y suele estar relacionada con el cargo, la condición social o el estatus. Generalmente se refiere a un retraso, a la incapacidad para cumplir con lo que se considera aceptable.

**GOMEIWAKU**

Es habitual para pedir ayuda o comprensión ante un inconveniente.

**SHITSUREI**

Significa «grosero». Su uso puede ser más o menos formal. En el trabajo se suele utilizar para pedir permiso. También en situaciones más distendidas cuando alguien quiere disculparse por un error que cometió relacionado con su actitud.

**GOMEN NASAI**

Es la manera más informal y se utiliza para dirigirse a personas más jóvenes o amigos y conocidos.

**GOMEIWAKU OKAKE SHITE MŌSHIWAKE ARIMASEN**

Su significado es «Me disculpo por cualquier inconveniente causado».

**KSHAMA:**
**el perdón y la paciencia en el hinduismo**

En el hinduismo, el concepto de *kshama* se refiere al perdón y a la paciencia. Se basa en la creencia de que los seres humanos son propensos a cometer errores y actuar de manera imperfecta. Promueve la idea de aceptar ofensas de los demás y estar dispuesto a liberar el resentimiento.

*Kshama* también se relaciona con el concepto de **AHIMSA** (no violencia). Al perdonar y mostrar compasión se evita causar daño a los demás.

**ILUNGA:**
**una mirada al límite del perdón**

La palabra *ilunga* es un término proveniente del idioma tshiluba o chiluba, que se habla en la República Democrática del Congo. Es reconocida como una de las palabras más difíciles de traducir al español u otros idiomas.

El significado de *ilunga* se refiere a una persona que es capaz de perdonar una ofensa o falta la primera vez, tolerar la segunda vez, pero no está dispuesta a perdonarla una tercera vez. Es una persona con una gran paciencia y tolerancia, pero con un límite en cuanto a la capacidad de perdonar.

Muestra que el perdón puede resultar complicado y variar según las culturas. También, lo importante que es perdonar, pero a veces, es necesario establecer límites cuando alguien sigue cometiendo errores.

*El perdón en el sijismo*

En el *sijismo*, el perdón ocupa un lugar central y se considera una virtud importante. Los *sijs* (seguidores del sijismo) creen en la importancia de perdonar y reconciliarse con los demás como parte de su búsqueda espiritual y del camino hacia la realización de Dios. La enseñanza del perdón se encuentra en el *Guru Granth Sahib*, el libro sagrado de los *sijs*.

En la fe *sij*, el concepto de perdón se conoce como **MĀF**. Los *sijs* son alentados a practicar el perdón en sus vidas diarias, tanto perdonándose a sí mismos como a los demás. Se valora el perdón incondicional, sin esperar algo a cambio, liberando así el resentimiento.

## HO'OPONOPONO:
## la reconciliación hawaiana

*Ho'oponopono* es un concepto hawaiano que describe un antiguo proceso de reconciliación y perdón. La palabra *ho'oponopono* se compone de dos partes: *ho'* (causa) y *ponopono* (rectificar o poner en orden).

En su forma tradicional, *ho'oponopono* es un proceso de resolución de conflictos y restauración de la armonía en las relaciones interpersonales. Se lleva a cabo en un entorno comunitario y es facilitado por un *kahuna*, un líder espiritual o sanador. Durante la ceremonia, las personas involucradas se reúnen para discutir los conflictos, expresar sus sentimientos y escuchar las perspectivas de los demás. El objetivo principal es llegar a un acuerdo y encontrar soluciones para restaurar la paz dentro del grupo.

*Ho'oponopono* ha sido reinterpretado en las últimas décadas como una técnica de transformación personal que busca liberar las cargas emocionales negativas que pueden afectar nuestra vida y relaciones. Su proceso se basa en la repetición de cuatro instancias claves: «Lo siento, perdóname, gracias, te amo». Son una forma de reconocer nuestros errores, pedir perdón, expresar gratitud y cultivar el amor hacia nosotros mismos y hacia los demás.

## YOM KIPUR:
## el día de la expiación

El Yom Kipur es uno de los días más sagrados en el calendario judío. También conocido como el *día de la expiación*, se celebra cada año en el décimo día del mes hebreo de *Tishrei*, entre finales de septiembre y principios de octubre en el calendario gregoriano. Durante este día, los judíos se abstienen de trabajar, ayunan y se dedican a la oración y la reflexión.

El perdón juega un papel fundamental en el Yom Kipur. Según la tradición judía, este día es una oportunidad para arrepentirse de los pecados cometidos durante el año anterior y buscar el perdón de Dios. Para obtener el perdón divino, es necesario llevar a cabo un proceso de arrepentimiento sincero, confesión de los pecados y compromiso de no repetirlos.

El Yom Kipur destaca la importancia del perdón entre las personas. Antes de este día, se alienta a los individuos a buscar las disculpas de aquellos a quienes han lastimado durante el año pasado. Se cree que al perdonar a los demás uno puede purificar su propia alma y liberarse del peso de la culpa. El Yom Kipur brinda la oportunidad de reconciliarse con los otros y establecer relaciones armoniosas.

## SHÙ:
## el perdón en la cultura china

*Shù* (恕) es un carácter chino que representa el concepto de «perdonar». A menudo se utiliza en contextos éticos o morales para expresar el acto de mostrar compasión hacia alguien que ha cometido un error o una ofensa.

# SI HOY NECESITAS ACERCARTE A LA NATURALEZA

La vinculación con la naturaleza nos brinda un refugio de paz, un espacio donde encontrar equilibrio y creatividad. La naturaleza nos ofrece una paleta de colores, aromas embriagadores y sonidos reconfortantes que nos invitan a dejar nuestras preocupaciones y sumergirnos en la belleza del entorno. Cuando nos acercamos a la naturaleza, nos abrimos a un mundo de posibilidades. Nos permite apreciar la simplicidad y perfección de la flora y la fauna, y se despierta nuestra admiración y respeto por la vida en todas sus formas.

*Fenómenos coloridos*

La naturaleza es un escenario donde se despliega una infinidad de fenómenos asombrosos. Explorarlos nos abre las puertas a una comprensión más profunda de ella y nos vincula a algo más grande que nosotros mismos.

**ANTELUCANO**

Compuesto del prefijo latino *antes* y de *lūcēre*, que significa luz o brillo. Se atribuye a un periodo temporal, al momento que precede al amanecer.

**ARCOÍRIS**

Fenómeno óptico que se produce cuando la luz se refracta en las gotas de agua en el aire, formando un arco de colores.

**ARREBOL**

Color rojo de las nubes iluminadas por los rayos de sol.

**ALBA**

Primera luz del día antes de salir el sol.

**AURORA**

Luz sonrosada que aparece en el oriente justo antes de la salida del sol.

**CREPÚSCULO**

Momento del día antes del amanecer y después de la puesta de sol, cuando la luz del sol es visible en el horizonte.

**OCASO**

El momento cuando el sol se pone en el horizonte y da paso a la oscuridad de la noche.

**CALEIDOSCOPIO**
Instrumento óptico que crea patrones y colores hermosos y cambiantes por la reflexión de la luz.

**HANKIKANTO** (finés)
Capa de hielo sobre la nieve lo suficientemente dura como para caminar sobre ella.

**IRIDISCENCIA**
Fenómeno óptico que consiste en la propiedad de ciertas superficies sobre las cuales el tono de la luz varía de acuerdo al ángulo desde el que se observa.

**LUSCOFUSCO** (gallego)
Momento tras el atardecer en el que la luz del cielo se torna tenue y se revelan los colores más hermosos.

**SEREIN** (francés)
Lluvia fina que cae de un cielo sin nubes, por lo general después de la puesta del sol.

**GURFA** (árabe)
Cantidad de agua que se puede contener en una mano.

**MURR-MA** (wagiman)
El acto de buscar, con los pies, algo en el agua.

**BANGWEULU** (bemba).
Efecto cuando el agua se «encuentra» con el cielo.

**PIÉLAGO**
Zona marítima que abarca prácticamente la totalidad del océano. Excluye las áreas cercanas a las costas y el fondo marino.

**ERIAL**
Terreno que ha quedado sin cultivar y, en su lugar, la naturaleza toma el control, y crecen plantas y vegetación de forma espontánea.

**CELÍSTIA** (catalán)
Brillo de las estrellas.

**SIRIMIRI** (vasco)
Neblina de lluvia ligera y persistente.

**RUSKA** (finés)
Proceso por el que las hojas cambian de color en otoño.

## *Experiencias sensoriales*

La naturaleza, con su belleza y vitalidad, nos ofrece un abanico de sensaciones que despiertan nuestros sentidos y nos unen a lo más profundo de nuestro ser.

**PETRICOR** (griego)
El aroma que se produce al caer la lluvia en los suelos secos, conocido popularmente como «aroma a tierra mojada».

**CONTICINIO**
La quietud de la noche cuando todo está en silencio.

**PSITURISMO** (griego)
Sonido que hacen las hojas al pasar el viento entre ellas.

**HANYAUKU** (rukwangali)
Caminar de puntas sobre la arena caliente.

**AWEN** (galés)
Inspiración creativa y espiritual que se obtiene al estar en contacto con la naturaleza.

**SINAG** (tagalo)
Brillo o resplandor de la luz del sol cuando se filtra a través de las nubes.

**BABÍ LÉTO** (checo)
Breve periodo entre el verano y el otoño, cuando el tiempo sigue siendo soleado pero no caluroso, las hojas empiezan a cambiar de color y flotan en el aire pequeños hilos de telarañas.

**UNDÍSONO**

Sonido que produce el movimiento de las olas.

**FOSFENO** (griego)

Sensación visual de destellos o luces que se perciben sin que haya estimulación lumínica externa, a menudo provocados por la presión sobre el ojo ocular.

**EIGENGRAU** (alemán)

Literalmente, «gris intrínseco» o «gris propio». El color gris oscuro que las personas perciben en ausencia de luz total, cuando cierran los ojos o están en una oscuridad completa.

**DVESPERASCIT** (latín)

Literalmente, «anochece» o «se hace tarde». Momento del crepúsculo u ocaso.

## *Formas de disfrutar de la naturaleza*

Los conceptos relacionados con la naturaleza en diferentes culturas son formas en las que la gente muestra respeto y afán por ella. Son maneras de agradecer a la naturaleza por lo que nos da.

**APRICATE** (inglés)
Tomar el sol; exponerse a la luz solar.

**GÖKOTTA** (sueco)
Despertar temprano por la mañana con el propósito de salir a escuchar los primeros pájaros de la primavera.

**MERIGGIARE** (italiano)
Escapar del calor del sol del mediodía descansando a la sombra.

**AG BORRADH** (irlandés)
La vitalidad y promesa que llega con la primavera, que anuncia que una nueva vida está por comenzar.

**WALDEINSAMKEIT** (alemán)
Sensación de soledad o aislamiento placentero que se experimenta al estar solo en el bosque. Es un término que combina las palabras *wald*, que significa «bosque», y *einsamkeit*, que se traduce como «soledad».

**FJELLVANT** (noruego)
Describe a quien está familiarizada y cómoda en las montañas.

**BADKRUKA** (sueco)
Describe a una persona que se sumerge en el agua con precaución para evitar el impacto inicial del agua fría.

**QARRTSILUNI** (iñupiaq)
Es el acto de estar sentados juntos en la oscuridad, expectantes a que algo suceda.

**FRISCHLUFTFANATIKER** (alemán)
Significa «amante del aire fresco». Se refiere a quien suele dejar las ventanas abiertas para disfrutar de la brisa, incluso en invierno, o a quien siempre busca estar al aire libre.

**DAUWTRAPPEN** (neerlandés)
Literalmente «pisar el rocío». Se refiere a caminar descalzo por la hierba de la mañana o pedalear por la naturaleza al amanecer.

## *Belleza y singularidad*

La naturaleza es un lugar hermoso donde cada cosa es única. Desde las montañas hasta los bosques, cada rasgo o elemento tiene algo especial y nos sorprende con sensaciones, relaciones y descubrimientos.

**INMARCESIBLE** (latín)
Que no se marchita o desvanece como la belleza de una flor.

**TENALACH** (irlandés)
Relación y unión profunda con la tierra, el aire y el agua que nos permite escuchar el canto del planeta.

**ULLASSA** (sánscrito)
Sentimientos de placer ligados a la belleza natural.

**EPIFANÍA** (griego)
Es una forma de revelación o descubrimiento espiritual o material.

## *Palabras relacionadas con la luna*

La luna nos ha fascinado desde siempre. Ha inspirado a poetas y artistas, testigos de los sentimientos humanos más hondos.

**MANGATA** (sueco)
El camino de luz que deja la luna al reflejarse en el agua.

**SELENOFILIA**
Amor y fascinación por la luna.

**PLENILUNIO**
Luna llena.

**TSUKIMI** (japonés)
Tradición japonesa de admirar la luna, especialmente durante el festival Tsukimi, en el que se celebra la belleza de la luna llena.

**KAWAAKARI** (japonés)
Resplandor que emana de la superficie de un río o arroyo a la luz de la luna. Esta palabra captura la belleza y la tranquilidad de la iluminación natural sobre el agua en la noche.

## *La naturaleza para la cultura japonesa*

Japón se distingue por su profunda conexión con la naturaleza. Es un ejemplo de cómo una cultura puede abrazarla como parte esencial de su identidad.

**AWARE**
Sentimiento de apreciación y sensibilidad hacia la belleza del entorno natural.

**AMAOTO**
Sonido de la lluvia. Evoca la sensación reconfortante y relajante que produce la caída de las gotas.

**SAKURA**
Flor del cerezo. Es uno de los símbolos más emblemáticos de Japón y representa la belleza efímera de la vida, así como la llegada de la primavera y la renovación.

**HANAMI**
Significa «contemplar las flores» y se refiere a la tradición japonesa de disfrutar de la belleza de los cerezos en flor, especialmente durante la temporada de *sakura* en primavera.

**ZEKKEI**
Paisaje maravilloso o impresionante, por lo habitual, vinculado a la belleza natural. Describe escenarios impactantes.

**KOMOREBI**
La luz del sol que se filtra a través de las hojas de los árboles.

**KOGARASHI**

Viento frío y seco del invierno. Esta palabra evoca la sensación de la estación gélida y la caída de las hojas de los árboles, y señala el final del otoño y el comienzo del invierno.

**MOMIJI**

Cambio de color de las hojas de los árboles en otoño.

**HANAFUBUKI**

Significa «tormenta de flores». Describe la escena de pétalos de flores que caen en conjunto, como una especie de nevada floral.

**SHINRIN-YOKU**

Conocida como «baño de bosque», se trata de la práctica de sumergirse conscientemente en la naturaleza, respirando el aire fresco del bosque y uniéndose al entorno. *Shinrin-yoku* tiene beneficios para la salud y el bienestar, promueve la relajación y el equilibrio.

**SAMUGARI**

Persona que es especialmente sensible al frío.

*Pasiones que nos vinculan al mundo natural*

**TALASOFILIA**

Término que combina las palabras griegas *thalasso* (mar) y *filia* (amor). Se refiere a una atracción o fascinación por el mar o los océanos que da lugar a una relación especial con el entorno marino, que proporciona sensaciones de calma y libertad. Se puede disfrutar en actividades como nadar, bucear, pasear por la playa o contemplar el mar.

**DENDROFILIA**

Atracción o amor por los árboles. Combina las palabras griegas *dendron*, que significa «árbol», y *filia*, que se traduce como «amor». Se trata de una vinculación especial con los árboles, en la que se aprecia su belleza y tranquilidad.

**NICTOFILIA**

Significa «amor a la noche». Sus componentes léxicos son: *nicto* (noche) y *filia*, más el sufijo *-ia* (cualidad). Las personas que experimentan *nictofilia* pueden encontrar tranquilidad, inspiración o una sensación de calma y unión en entornos oscuros o durante la noche.

**ASTRAFILIA**

Es un término que combina las palabras *astro* (referente a las estrellas) y *filia*. Describe una atracción o fascinación intensa hacia las estrellas, los astros o el cosmos. Las personas que experimentan *astrafilia* pueden sentirse atraídas por la astronomía, la astrología u otros campos relacionados con el estudio o la contemplación del espacio exterior.

**OPACAROFILIA**

Amor o pasión por los atardeceres, en especial por el ocaso o puesta de sol.

**PLUVIOFILIA**

Atracción o amor por la lluvia. Combina las palabras *pluvia* (lluvia) y *filia*. Quienes la experimentan encuentran placer, calma o inspiración en la lluvia. Disfrutan de escuchar su sonido, observar cómo cae, sentir la frescura que trae consigo o apreciar la atmósfera que crea.

**HELIOFILIA**

Atracción o amor por el sol. Proviene de la combinación de las palabras griegas *helios* (sol) y *filia*. Las personas con *heliofilia* disfrutan de la luz solar y pueden sentirse especiales bajo ella. Pueden encontrar placer y alegría al estar expuestas al sol, por su calidez y efecto en el estado de ánimo.

**BIOFILIA**

La *biofilia* es un término que fue popularizado por el biólogo Edward O. Wilson en su libro *Biophilia.* Se refiere a la relación innata y profunda que los seres humanos tenemos con la naturaleza y los seres vivos. La *biofilia* es la afinidad y el amor por la vida y la naturaleza en todas sus formas.

### FRILUFTSLIV:
### un estilo de vida

*Friluftsliv* es un término noruego que se traduce como «vida en la naturaleza», aunque su significado va más allá de su traducción literal. Se trata de un concepto cultural y filosófico que señala unos lazos hondos entre el hombre y su entorno. Da nombre a un estilo de vida que valora el tiempo al aire libre y en contacto directo con la naturaleza. Incluye actividades como caminar, escalar, acampar o pescar.

*Friluftsliv* enfatiza la importancia de pasar tiempo inmersos en la naturaleza y aprovechar al máximo sus beneficios físicos, mentales y espirituales. Se considera una forma de recargar tu energía y encontrar tranquilidad.

### UITWAAIEN:
### paseos sanadores

*Uitwaaien* es una palabra en neerlandés que se traduce literalmente como «paseo al aire libre». Es una práctica cultural en los Países Bajos que consiste en caminar o pasar tiempo en un entorno natural para despejar la mente.

El concepto de *uitwaaien* está íntimamente relacionado con el acercamiento a la naturaleza y la búsqueda de una sensación de tranquilidad y renovación. Los neerlandeses valoran el *uitwaaien* como una forma de escapar del estrés y la rutina diaria, al permitir que el viento y el paisaje revitalicen el cuerpo y la mente. Durante *uitwaaien*, las personas suelen caminar en lugares ventosos, como playas o campos, y esperan a que este sople a su alrededor.

El *uitwaaien* es una forma de autocuidado y de encontrar equilibrio en medio de la vida cotidiana. Es valorado por su capacidad para recargar energías.

## DADIRRI:
## serenidad y observación

*Dadirri* es una palabra de las lenguas *ngan'gikurunggurr* y *ngen'giwumirri*, que se utiliza para describir un estado de quietud y atención contemplativa. Es una práctica tradicional de los aborígenes australianos, una forma de relación espiritual con la naturaleza. El *dadirri* supone una observación serena del entorno, que lleva a armonizar con la tierra, los animales, las plantas y demás seres vivos.

Practicar *dadirri* exige detenerse, calmar la mente y abrir el corazón para recibir la sabiduría del entorno natural. Es una invitación a estar en armonía con el mundo que nos rodea y a apreciar la naturaleza en su forma más pura. Significa un impacto transformador en la persona que lo practica.

## *La sabiduría de las culturas indígenas*

En todo el mundo, existen culturas indígenas que han vivido en armonía con la naturaleza durante siglos, cultivando un profundo respeto y vinculación al entorno natural. Estas culturas, arraigadas en tradiciones ancestrales, han desarrollado una sabiduría que nos invita a reflexionar sobre nuestras formas de interactuar con él.

**WAKINYAN**

En la cultura *lakota*, se refiere al «espíritu del trueno», afín a la energía y la fuerza de las tormentas.

**PACHAMAMA**

En la cultura andina representa a la «Madre Tierra», una entidad sagrada que brinda sustento a todas las formas de vida.

**IXCHEL**

Es la diosa maya de la «luna» y la «fertilidad». La luna es venerada como regidora de ciclos y de renovación en la naturaleza.

**KAITIAKITANGA**

En la cultura maorí de Nueva Zelanda, *kaitiakitanga* es el concepto que refiere a quienes son guardianes y protectores de los recursos naturales. Representa la responsabilidad y el cuidado intergeneracional hacia la naturaleza.

**KINTU**

También denominado *kinto* o *cocakintu*, es un vocablo quechua que hace referencia a un tipo de ofrenda divina a base de hojas de coca propia del mundo andino. Puede ser símbolo de agradecimiento o buscar mediar entre el mundo natural y el humano.

# SI HOY SIENTES MIEDO

El miedo es una emoción poderosa que surge cuando nos enfrentamos a una situación que se percibe como una amenaza. Puede ser una señal importante para protegernos, pero también puede ser irracional y limitante si nos dejamos gobernar por él. Las fobias, que son miedos irracionales y desproporcionados a elementos o situaciones específicas, también juegan un papel fundamental. Superar el miedo es esencial para nuestro crecimiento personal. Todos tenemos miedos y enfrentarlos es parte de nuestra experiencia.

## *Cuando el miedo nos frena*

Estos términos describen miedos relacionados con la propia persona y su estado emocional. Se refieren a la falta de valentía, la inseguridad y la vulnerabilidad que pueden surgir ante situaciones amenazantes o desconocidas.

**PUSILÁNIME**
Que muestra falta de valor y poca disposición para enfrentar desafíos o dificultades.

**TREMEBUNDO**
Que produce un gran temor o pavor intenso.

**JULEPE**
Susto o impresión repentina.

**TRÉMULO**
Que tiembla o se agita debido al miedo, la ansiedad o la inseguridad.

**AMILANAR**
Sentir que debilita la voluntad o el coraje para afrontar algo.

Estas palabras describen miedos que evocan sentimientos de tristeza, angustia y opresión. Se relacionan con situaciones o entornos que generan un profundo desasosiego y desolación emocional.

**LÓBREGO**
Que transmite oscuridad, tristeza y desolación.

**SÓRDIDO**
Que produce repugnancia, suciedad moral o desesperanza.

**ZOZOBRA**
Sensación de angustia, inquietud y malestar emocional profundo.

**CONGOJA**
Tristeza intensa y melancolía que provoca un estado de aflicción.

**CANGUELO**
Miedo intenso y paralizante que afecta la capacidad de actuar o enfrentar situaciones.

**ONICOFAGIA**
Manía de comer o morderse las uñas, especialmente en momentos de angustia y ansiedad.

**NEFANDO**
Dicho de una cosa: que causa repugnancia u horror hablar de ella.

*Miedos intraducibles al español*

Las emociones son una parte fundamental de nuestras vivencias, y entre ellas, el miedo juega un papel fundamental. Nos envuelve en una compleja red de sensaciones y desencadena una amplia gama de reacciones físicas y mentales. Pero a veces, el miedo va más allá de las palabras conocidas, y nos encontramos con emociones tan intraducibles como fascinantes. Solo al acudir a otros idiomas, descubrimos cómo las palabras pueden capturar los matices más profundos de nuestros temores.

**SCHWELLENANGST** (alemán)
Miedo y ansiedad ante una situación o reto desconocido.

**FRISSON** (francés)
Una sensación repentina de emoción, que combina miedo y excitación.

**TORSCHLUSPANIK** (alemán)
Miedo a las oportunidades a medida que envejecemos.

**AIMONOMIA** (inglés)
Presente en *The Dictionary of Obscure Sorrows*, significa tener miedo de aprender el «porqué» de algo.

**AQUIVER** (inglés)
Es un adjetivo que describe un estado de excitación, emoción o temblor. Se utiliza para expresar un estado de intensa anticipación o nerviosismo.

**BALIKWAS** (tagalo)

Levantarse o ponerse de pie de manera súbita, a menudo como respuesta ante el miedo o un susto. También puede referirse a girarse con brusquedad hacia el otro lado.

**GRUGLEDE** (noruego)

Esperar un evento con una mezcla de temor y anticipación emocionada.

## FOBU:
## El miedo a romper con la pareja

FOBU, acrónimo de «Fear of Breaking Up», es un término que describe el temor y la ansiedad al considerar una ruptura amorosa. Puede surgir por diversos factores y cada persona puede tener sus propios desencadenantes.

El FOBU puede generar un estado de indecisión y conflicto interno, en el que la persona se sienta atrapada entre su deseo de terminar la relación y el miedo a las consecuencias negativas de hacerlo.

## Miedo a ofender:
## TAIJIN KYOFUSHO y la ansiedad social

*Taijin kyofusho* es un trastorno de ansiedad social en el que las personas tienen mucho miedo de ofender o avergonzar a los demás. Se preocupan demasiado por cómo interactúan y sienten que su apariencia o comportamiento son inapropiados. Este miedo les dificulta participar en entornos colectivos y conlleva una afección de ánimo para consigo mismos.

El *Taijin kyofusho* puede afectar la vida diaria. Dificulta las relaciones saludables o tener una buena imagen de sí. Surge el temor de ser juzgados o rechazados, lo que limita la participación en actividades sociales y causa malestar emocional.

## KIASU:
## el temor a perder y la competitividad

*Kiasu* es una palabra en el dialecto *hokkien* que describe el comportamiento competitivo y el miedo al fracaso.

El término *kiasu* proviene de la combinación de las palabras *kia* (tener miedo) y *su* (perder). En conjunto, *kiasu* describe a alguien que tiene un fuerte temor a perder, a quedarse rezagado o a desperdiciar oportunidades.

En el contexto cultural en el que se utiliza, implica una actitud excesivamente competitiva y preocupada por no quedarse atrás. Las personas que se consideran *kiasu* pueden hacer todo lo posible para asegurarse de no fallar, incluso si eso significa pisotear a los demás o involucrarse en un comportamiento egoísta.

*Miedos en la cultura pintupi*

Para los *pintupi*, grupo aborigen que vive en la región desértica de Australia central, hay distintos tipos de miedo:

**NNGULU**

Es el miedo que sentimos cuando otra persona busca venganza.

**KAMARRARRINGU**

La sensación de que alguien está detrás de ti.

**KANARUNVYJU**

El miedo a los espíritus malignos que no te permite conciliar el sueño.

**NGINYIWARRARRINGU**

Espasmo de alerta que te hace ponerte de pie y mirar alrededor, buscando qué lo ha causado.

Las fobias son temores extremos e irracionales hacia objetos, situaciones o actividades específicas. A menudo, estos miedos generan una respuesta de ansiedad intensa en la persona que los experimenta.

El origen de la palabra *fobia* se remonta a la antigua Grecia, donde *phobos* significaba «miedo» o «temor». La etimología de las fobias refleja cómo el lenguaje y la cultura han buscado dar nombre a estas experiencias emocionales.

## Miedos relacionados con la tecnología

**TECNOFOBIA**
Miedo irracional a la tecnología o a los dispositivos electrónicos.

**NOMOFOBIA**
Miedo a estar sin el teléfono móvil.

**CIBERFOBIA**
Miedo irracional a los ordenadores o a Internet.

## Fobias relacionadas con la responsabilidad y el desempeño

**HIPENGIOFOBIA**
Miedo a la responsabilidad.

**ATIQUIFOBIA**
Miedo intenso frente a las situaciones que puedan suponer un fracaso.

**ERGOFOBIA**
Miedo irracional ante distintos aspectos laborales, antes de la jornada laboral, durante o después.

**PARALIPOFOBIA**
Miedo a descuidar un deber o responsabilidad.

**KAKORRAFIAFOBIA**
Miedo al fracaso.

## Miedos relacionados con objetos

**AUTOMATONOFOBIA**
Miedo a las figuras animadas o muñecos, como marionetas o robots.

**ARACIBUTIROFOBIA**
Miedo a que la mantequilla de cacahuete se adhiera al paladar.

**HEMATOFOBIA**
Miedo a la sangre.

**LINONOFOBIA**
Miedo a las cuerdas o cadenas.

**VERBOFOBIA**
Miedo a las palabras.

## Fobias relacionadas con animales

**APIFOBIA/MELISOFOBIA**
Miedo a las abejas.

**BATRACIOFOBIA**
Miedo a los reptiles.

**GALEOFOBIA**
Miedo a los tiburones.

**HELMINTOFOBIA**
Miedo a los gusanos.

**ICTIOFOBIA**
Miedo a los peces.

**MIRMECOFOBIA**
Miedo a las hormigas.

**ORNITOFOBIA**
Miedo a los pájaros.

## Fobias relacionadas con elementos naturales

**ANTOFOBIA**
Miedo a las flores.

**HOMICLOFOBIA**
Miedo a la niebla.

**HILOFOBIA**
Miedo a los bosques.

**LIMNOFOBIA**
Miedo a los lagos.

**QUIONOFOBIA**
Miedo a la nieve.

**OMBROFOBIA**
Miedo a la lluvia.

**URANOFOBIA**
Miedo al cielo.

**XEROFOBIA**
Miedo a los lugares secos, en especial a los desiertos.

**ESCOTOFOBIA**
Miedo a la oscuridad.

**PIROFOBIA**
Miedo al fuego.

**TREMOFOBIA**
Miedo a los temblores.

## Miedos relacionados con situaciones específicas

**ATAXOFOBIA**
Miedo al desorden.

**DEMOFOBIA**
Miedo a las multitudes.

**DEUTEROFOBIA**
Miedo persistente, anormal e injustificado a los lunes.

**FOBOFOBIA**
Miedo al miedo o a tener fobias.

**FRENOFOBIA**
Miedo a pensar.

**GELIOFOBIA**
Miedo a la risa o a ser objeto de burla.

**HOMILOFOBIA**
Miedo a los sermones.

**EISOPTROFOBIA**
Miedo a verse reflejado en un espejo.

**HAFEFOBIA**
Miedo al contacto físico.

## Fobias relacionadas con seres sobrenaturales

**DEMONOFOBIA**
Miedo a los demonios.

**HADEFOBIA**
Miedo al infierno.

**PNEUMATOFOBIA**
Miedo a los espíritus.

**TERATOFOBIA**
Miedo a los monstruos.

## Fobias raras, pero reales

**HEXAKOSIOIHEXEKONTAHEXAFOBIA**
Miedo al número 666.

**TUROFOBIA**
Miedo al queso.

**CREMATOFOBIA**
Miedo al dinero.

**SOMNIFOBIA**
Miedo a dormir.

**TRISCAIDECAFOBIA**
Miedo al número 13.

**POGONOFOBIA**

Miedo a las barbas.

**XANTOFOBIA**

Miedo al color amarillo.

**COULROFOBIA**

Miedo a los payasos.

## PISANTROFOBIA:
## el miedo a confiar en los demás

La *pisantrofobia* es un término que se utiliza para señalar el miedo o la desconfianza excesiva hacia los demás. También se conoce como *filofobia*, pero a veces se distingue de esta última, ya que la *filofobia* se refiere específicamente al miedo a enamorarse o establecer relaciones románticas. La *pisantrofobia*, por otro lado, se centra en el miedo generalizado a confiar en las personas, ya sea en amistades, relaciones personales o laborales.

Las personas que experimentan *pisantrofobia* temen a ser traicionadas o lastimadas emocionalmente. Esta desconfianza puede dificultar la formación de relaciones sólidas y conducir a evitar entornos sociales, y terminar en el aislamiento.

## *Superar las barreras*

Superar el miedo es un desafío que todos enfrentamos en diferentes momentos de nuestras vidas. Es una tarea que requiere determinación y autodescubrimiento. Al hacer frente a nuestros temores, podemos liberarnos de las limitaciones que nos imponen y abrirnos a nuevas oportunidades de crecimiento.

**AUDACIA**
Capacidad para emprender acciones poco comunes sin temer las dificultades o el riesgo que conllevan.

**CORAJE**
Determinación para enfrentar el miedo y superarlo.

**ÜBERWINDUNG** (alemán)
Superación, la acción de vencer y dejar atrás el miedo.

# SI HOY NECESITAS ALEGRÍA

La sensación de felicidad se encuentra íntimamente relacionada con el bienestar general y tiene efectos positivos en nuestra calidad de vida. Sentirse feliz nos genera una satisfacción y alegría que nos ayuda a tener una actitud más favorable hacia nosotros mismos y hacia los demás. La necesidad de ser felices nos impulsa a buscar el equilibrio, cultivar relaciones significativas y perseguir nuestros sueños.

## *La felicidad a través de palabras intraducibles del alemán*

**LEBENSKÜNSTLER**

Significa «artista de la vida». Se refiere a quien tiene la capacidad de encontrar alegría y felicidad y se enfrenta a la vida con el entusiasmo y la inspiración de un artista.

**GLÜCKSPILZ**

Persona afortunada o alguien que tiene buena suerte.

**VORFREUDE**

Anticipación alegre e intensa que viene de imaginar el placer futuro.

**SCHADENFREUDE**

Sensación de alegría o satisfacción que se experimenta al presenciar o tomar conocimiento del sufrimiento, la desgracia o los problemas de otras personas. Es una combinación de las palabras *schaden* (daño) y *freude* (alegría).

## FIKA:
## la receta sueca para la felicidad en el ámbito laboral

*Fika* es un concepto sueco que se ha convertido en una receta para el éxito conocida más allá de sus fronteras. Se trata de un descanso diario para tomar café y socializar con compañeros que está arraigado en su cultura laboral.

*Fika* no se trata solo de tomar café, sino de dejar de lado el trabajo, relacionarse con los demás y disfrutar de un momento de relajación. Durante los descansos, los compañeros se reúnen en un ambiente informal para hablar, compartir historias y fortalecer los lazos sociales. No es una actividad rápida y apresurada, sino que requiere tomarse el tiempo para disfrutar del café y de la compañía de los demás.

*Fika* también promueve la igualdad y la inclusión en el lugar de trabajo. Todos los trabajadores participan en *fika* por igual, y se crea un ambiente donde se valora la opinión y el bienestar de todos. Así, se convierte en una poderosa herramienta para mejorar la calidad de vida laboral y promover el éxito organizacional.

## *Los cinco tipos de felicidad según la psicología positiva*

La psicología positiva se preocupa por entender y promover el bienestar en diversas dimensiones. Identifica cinco tipos de felicidad que contribuyen a una vida plena y satisfactoria.

**FELICIDAD EMOCIONAL**

Se refiere a la experiencia de emociones positivas como la alegría, el amor, el entusiasmo y la gratitud. Está relacionada con experimentar placer y satisfacción en el presente.

**COMPROMISO O FLUIDEZ**

Estar completamente absorto en una actividad desafiante y significativa. En este estado de fluidez, se pierde la noción del tiempo y se experimenta un alto nivel de concentración y disfrute en lo que se está haciendo.

**RELACIONES INTERPERSONALES**

La felicidad derivada de relaciones saludables y gratificantes con familiares, amigos y seres queridos.

**SENTIDO DE PROPÓSITO**

Supone tener metas y valores personales claros, así como sentirse parte de algo más grande que uno mismo.

**LOGRO Y CRECIMIENTO PERSONAL**

La felicidad derivada de establecer y alcanzar metas personales, así como del aprendizaje y el crecimiento continuo en diferentes áreas de la vida.

## CHEROFOBIA:
## miedo a la felicidad

*Cherofobia* es un término utilizado para describir el miedo a experimentar o buscar la felicidad. Las personas que sufren de *cherofobia* pueden padecer ansiedad, angustia o malestar cuando se les presenta la oportunidad de experimentar alegría.

Las causas de la *cherofobia* pueden estar relacionadas con vivencias pasadas traumáticas, creencias negativas sobre la felicidad o una tendencia a esperar que la felicidad sea efímera o seguida de desgracias. Esta fobia puede limitar la capacidad para disfrutar plenamente de la vida y perseguir metas.

## UTILITARISMO:
## la felicidad como objetivo moral

El utilitarismo es una filosofía ética que se centra en la felicidad como el principal objetivo moral. Fue desarrollada por Jeremy Bentham y posteriormente difundida por John Stuart Mill. El utilitarismo se basa en el principio de maximización del bienestar. Considera que la felicidad tiene un valor intrínseco y busca acrecentarla tanto como sea posible. Para ello, es necesario evaluar las consecuencias de una acción en términos de bienestar y se toma la decisión que genere la mayor cantidad de felicidad global.

Una de las principales características del utilitarismo es que se centra en el bienestar general más que en los intereses individuales. La felicidad es igual para todos, independientemente de su condición social, raza, género u otras características personales. Sin embargo, el utilitarismo también ha recibido críticas. Algunos argumentan que perseguir el bienestar de la mayoría puede conducir a la pérdida de derechos individuales y dificultar la medición y comparación del bienestar de diferentes personas.

**DAN-SHA-RI:**
**el camino hacia la serenidad y la felicidad**

El método japonés *dan-sha-ri* se enfoca en simplificar y liberar el espacio físico y emocional de las personas. Es una práctica que promueve la armonía y la serenidad al deshacerse de lo innecesario. Consta de tres etapas:

**DAN**

Significa «rechazar» o «desapegarse». En esta etapa, se trata de evaluar y cuestionar la necesidad de las posesiones materiales y emocionales. Se invita a las personas a tomar conciencia de lo que realmente necesitan y a liberarse de lo que no tiene un propósito significativo en sus vidas.

**SHA**

Representa «desprenderse» o «eliminar». En esta etapa, se toma acción para deshacerse de los elementos innecesarios, soltar las emociones negativas, pensamientos que no son útiles para el crecimiento personal.

**RI**

Significa «separar» o «liberar». En esta etapa final, se experimenta la liberación y el vacío tanto física como emocionalmente, abriéndose espacio para nuevas oportunidades.

El método *dan-sa-ri* no solo es aplicable al entorno físico sino también a la mente y las relaciones. Se trata de cultivar la sencillez en todos los ámbitos de la vida, deshacernos de cosas innecesarias y experimentar una mayor sensación de bienestar.

## EUDAIMONÍA:
## el florecimiento y la plenitud

La *eudaimonía* es un concepto fundamental en la filosofía griega, especialmente en el pensamiento de Aristóteles. Se refiere a la prosperidad y desarrollo integral de los seres humanos y se considera la meta más alta de la vida. La *eudaimonía* supone que lograr una vida plena y significativa requiere desarrollar nuestras capacidades y virtudes humanas.

Según Aristóteles, la felicidad no es una meta alcanzable de forma inmediata, sino el resultado de un proceso que dura toda la vida y exige el desarrollo de virtudes como la sabiduría, el coraje o la justicia. *Eudaimonía* no es solo un estado subjetivo de bienestar, sino que, al vivir en armonía con nuestras virtudes y valores, se puede lograr un profundo sentido de plenitud.

Un concepto relacionado con *eudaimonía* es el hedonismo. Este se centra en la búsqueda del placer y en la creencia de que la felicidad consiste en maximizar aquel y minimizar el dolor. Ambos enfoques tienen perspectivas válidas sobre la felicidad, pero difieren en su priorización y en cómo se define y experimenta una vida plena. La *eudaimonía* se enfoca en el desarrollo personal, las metas y el bienestar a largo plazo, mientras que el hedonismo busca el aumento total de la gratificación instantánea y el placer sensorial.

## *La felicidad en la cultura griega*

**KEFI**

Espíritu de felicidad, pasión y emoción abrumadora. Se manifiesta de diversas maneras y, la mayor parte de las veces, está relacionado con la expresión de emociones positivas o diversión.

**MAKÁRIOS**

Significa «bienaventurado» en el sentido espiritual, relacionado con ser digno de felicidad.

**EUTUXIA**

Se refiere a la buena fortuna o la suerte favorable. Deriva de las palabras griegas *εῦ* (bueno) y *τύχη* (suerte).

## COMPERSIÓN: el placer de la felicidad ajena

La compersión es el término para un estado de felicidad que se experimenta al presenciar o ser consciente de la felicidad ajena. Es un sentimiento positivo que significa alegrarse sinceramente por el bienestar de los demás.

La compersión puede manifestarse en diferentes situaciones, como en relaciones personales, amistades o incluso en el contexto de relaciones no monógamas, donde una persona puede sentir alegría al ver a su pareja encontrar felicidad y satisfacción en un encuentro romántico o sexual con otra. La compersión se basa en la idea de que la felicidad de los demás puede generar un impacto positivo en nosotros.

## SUKHA: la felicidad duradera

*Sukha* es un término sánscrito que significa «el estado de verdadera y permanente felicidad». Es un estado de bienestar interior que se alcanza a través de la práctica espiritual y el desarrollo de cualidades positivas como la compasión, la generosidad y la sabiduría. *Sukha* se considera una forma de felicidad profunda que está desligada de las circunstancias externas y no depende de los deseos materiales satisfechos. En lugar de ello, es la paz interior y la armonía con uno mismo y con el mundo que nos rodea lo que le da fundamento.

## *La felicidad en el idioma indonesio*

En el idioma indonesio hay palabras que capturan la esencia de la felicidad de una manera única. Estas palabras evocan emociones positivas y son una ventana a la cultura y a la forma en que los indonesios persiguen la alegría en sus vidas.

**BAHAGIA**
Estado o sentimiento de felicidad y paz (libre de todo lo que es perturbador).

**KEBAHAGIAAN**
Sensación de alegría y paz de vida (físico-mental).

**GEMBIRA**
Sensación de satisfacción que se experimenta en un momento preciso, que refleja una emoción alegre y una actitud positiva hacia la vida.

**KEGEMBIRAAN**
Gran placer y alegría que puede surgir de diversas fuentes, como eventos felices, logros personales, buenas noticias o momentos de alegría compartidos.

**SENANG**
Describe un estado de ánimo positivo. Se utiliza para expresar la sensación de alegría, satisfacción o placer que se experimenta en un momento determinado.

**KESENANGAN**
Satisfacción que se experimenta al disfrutar de algo o al encontrar gratificación. Puede referirse tanto a una alegría momentánea como a una más duradera.

## *En busca de la felicidad*

La búsqueda de la felicidad es un viaje personal en el que cada uno explora lo que le hace sentirse bien. Para algunas personas, la felicidad está en los pequeños logros mientras que, para otras, en los grandes. No hay un solo camino hacia la felicidad, y a medida que exploramos descubrimos que encontrarla no es tanto llegar a un lugar como disfrutar del viaje y descubrir quiénes somos mientras lo hacemos.

**SUAIMHNEAS** (irlandés)
Una silenciosa sensación de satisfacción y tranquilidad.

**L'CHAIM** (hebreo)
Significa «brindemos» y se dice para desear una vida feliz y próspera.

**AOIBHNEAS** (irlandés)
Significa «alegría de corazón». La palabra *aoibhneas* es mucho más poderosa que su equivalente inglés *happiness*. Denota una felicidad espiritual.

**ARBEJDSGLÆDE** (danés)
Se compone de *arbejde* que significa «trabajo» y *glæde* que significa «felicidad», por lo que *arbejdsglæde* viene a ser «feliz en el trabajo».

**BILITA MPASH** (lenguas bantúes)
Significa «sueño maravilloso», aquel que provoca que nos despertemos en un estado de felicidad.

**MUDITA** (sánscrito)
Alegría que se experimenta al presenciar la felicidad y el éxito de los demás.

**FURAHA** (swahili)
Estado de bienestar emocional y satisfacción.

**ÕNN** (estonio)
Sensación de contento, plenitud y prosperidad.

**MUTLU** (turco)
Persona que experimenta alegría, satisfacción y bienestar.

**MORGENFRISK** (danés)
Sensación de felicidad y vitalidad al comenzar la mañana. Significa sentirse renovado y lleno de energía después de haber tenido un buen descanso nocturno.

**LIBEROSIS**
Recogido, por John Koenig en *The Dictionary of Obscure Sorrows*, como el deseo de que las circunstancias nos importen menos.

## UKEIRERU:
## la felicidad a través de la aceptación

*Ukeireru* es un término japonés que significa más que aceptarse a uno mismo. Supone aceptar nuestras relaciones en diferentes áreas de la vida como la familia, la escuela o el trabajo.

Cuando practicas *ukeireru*, estás dispuesto a aceptar y abrazar las pérdidas que experimentas. Esto te ayuda a estar en el momento presente, en lugar de preocuparte constantemente. Puedes aplicarlo cada día dándote un tiempo para hacer lo que no es necesariamente productivo. Te ayudará a liberarte de las preocupaciones y renovarte.

*Ukeireru* procura tranquilidad en tu vida. Te hace consciente de que eres parte de diferentes grupos en los que confías.

# SI HOY NECESITAS SER VALIENTE

La valentía es una cualidad poderosa que surge del corazón y nos impulsa a enfrentar miedos y desafíos. Es el fuego interno que nos anima a superar limitaciones y atrevernos a explorar lo desconocido. Nos brinda la fuerza necesaria para perseverar, incluso cuando las circunstancias son adversas. La valentía no es la ausencia de miedo, sino la capacidad de actuar a pesar de él.

## *Palabras valientes: el coraje en el castellano*

El castellano nos brinda un amplio repertorio de palabras que evocan y describen la valentía en todas sus manifestaciones. Desde términos que transmiten coraje hasta aquellos que resaltan la determinación y la fuerza interior.

**ARROSTRAR**
Hacer frente a los peligros o dificultades con valor y entereza.

**BIZARRÍA**
Cualidad de ser valiente, decidido y audaz.

**ESFORZADO**
Valeroso, que tiene fortaleza de ánimo para afrontar los desafíos.

**OSADO**
Audaz, que no teme enfrentar riesgos.

**DENODADO**
Que no se rinde con facilidad.

**AVENTURADO**
Intrépido, que busca y enfrenta peligros y desafíos.

**AGUERRIDO**
Que tiene habilidad y coraje en la lucha o en el trabajo.

**LANZADO**
Valiente y decidido, que se arriesga y se enfrenta a situaciones difíciles.

**AUDAZ**

Intrépido y resuelto, que actúa con decisión y sin temor.

**PUNDONOR**

Sentido de honor, orgullo y dignidad que lleva a una persona a actuar de manera correcta y valiente.

**CÓDIGO BUSHIDO:**
**valentía y honor en la cultura samurái**

El Código Bushido es un conjunto de principios éticos y morales que han guiado la vida de los samuráis en Japón durante siglos. También conocido como *el camino del guerrero*, el Bushido es una filosofía de vida basada en la valentía, el honor, la lealtad o la rectitud. Estos principios guían la vida y el comportamiento de los samuráis y se basan en conceptos que son fundamentales para comprender el significado del Bushido. Los siete principios básicos son los siguientes:

**GI** (Rectitud)
Actuar con honestidad y justicia, siguiendo un código ético riguroso.

**YUUKI** (Coraje)
Afrontar el miedo y la adversidad con valentía y determinación.

**JIN** (Compasión)
Mostrar empatía y tratar a los demás con bondad y respeto.

**REI** (Respeto)
Honrar y respetar a los demás, en especial a los líderes y a los ancianos.

**MAKOTO** (Sinceridad)
Ser sincero en el pensamiento y en la palabra, mantener la integridad y la coherencia en todas las acciones.

**MEIYO** (Honor)

Sostener una reputación intachable y cumplir con las obligaciones y promesas hechas.

**CHUU** (Lealtad)

Ser leal a los líderes, a la familia y a los compañeros, ser fiel y comprometido hasta el final.

## SISU: la fuerza interior finlandesa

El *sisu* es un concepto finés que da cuenta de la perseverancia, coraje y tenacidad en tiempos difíciles. Es una fuerza interior que impulsa a seguir adelante, aun cuando parece imposible.

El *sisu* es una parte integral de la cultura finlandesa y ha sido fundamental para el espíritu de resistencia de su pueblo. El término contiene una combinación única de valentía y persistencia. Se relaciona con la idea de enfrentar la adversidad sin rendirse, incluso cuando las probabilidades de triunfo están en contra. Se enseña desde una edad temprana y se considera una virtud tanto en la vida diaria como en periodos de crisis.

## ATARAXIA: la búsqueda de la tranquilidad interior

La palabra *ataraxia* proviene del griego antiguo *ἀταραξία* que se compone de *ἀ-* (sin) y *ταραξία* (perturbación, inquietud) y significa «ausencia de perturbación».

La *ataraxia* es un concepto filosófico que fue desarrollado por los filósofos griegos, importante para los estoicos y los epicúreos. Para los estoicos, la *ataraxia* era un estado de tranquilidad y serenidad interior que se alcanzaba a través del dominio de las emociones y el desapego de los deseos y aversiones. Para los epicúreos, la *ataraxia* era un estado de placer y satisfacción logrado mediante la moderación y la ausencia de dolor físico y perturbaciones emocionales.

La *ataraxia* se considera un fin, ya que se cree que proporciona una base sólida para una vida virtuosa. Al liberarse de las perturbaciones emocionales y las preocupaciones excesivas, se puede encontrar una mayor claridad mental.

### PARRESÍA:
### la valentía de decir la verdad

La *parresía* es un concepto que proviene de la antigua Grecia y se utiliza para señalar la práctica de hablar con franqueza y sin reservas. Proviene del término griego *parrhēsía*, que se compone de *παν* (pan), que significa «todo», y *ῥῆσις* (rēsis), que se traduce como «habla». *Parresía* significa, pues, «decir todo».

En su sentido más amplio, la *parresía* es la valentía de decir la verdad, incluso cuando puede resultar incómoda. Es la capacidad de expresarse libremente, sin temor a las consecuencias o a la desaprobación de los demás.

En la antigua Grecia, la *parresía* era considerada una virtud importante en la vida política y ciudadana. Los filósofos y ciudadanos comprometidos se esforzaban por practicarla, creían que era esencial para la búsqueda de la verdad.

## *Emociones valientes*

Diferentes culturas e idiomas poseen palabras que encapsulan el espíritu valiente para enfrentar los miedos y desafíos de la vida, capturan la esencia de la valentía en su forma más pura.

**VIRTUS** (latín)
Valor, excelencia, valentía, carácter y valía.

**ODWAGA** (polaco)
Cualidad de tener audacia y determinación para enfrentar situaciones difíciles o peligrosas.

**SAHASA** (sánscrito)
Disposición de enfrentar situaciones desafiantes con coraje y confianza.

**TAPANG** (tagalo)
Sensación de valentía y fortaleza para enfrentar los miedos o desafíos. Voluntad de enfrentar situaciones difíciles sin vacilar y con determinación.

**RAASKIA** (finés)
Tener el coraje para hacer lo que corresponde por razones emocionales.

**FEARLESS** (inglés)
No abrigar temor ante las adversidades o situaciones peligrosas.

**CHUTZPAH** (yidis)
Audacia, descaro o valentía sin límites para hacer o decir algo, incluso en situaciones desafiantes.

**METTLE** (inglés)

Espíritu, determinación y valentía.

## *La determinación en la cultura griega*

En Grecia, la valentía no solo impulsa a los actos heroicos en el campo de batalla, sino que también guarda relación con la determinación de enfrentar los desafíos de la vida con coraje y resolución.

**PALIKÁRI** (παλικάρι)
Joven valiente y vigoroso, quien muestra coraje y determinación en situaciones desafiantes. Es un término que denota valentía y fortaleza masculina.

**MANGAS** (μάγκας)
Hombre que destaca por su resolución. Los *mangas* son conocidos por enfrentar desafíos con valentía y no temer a la adversidad.

**LEVÉNTIS** (λεβέντης)
Valentía, espíritu intrépido y actitud desafiante. Esta palabra refleja la idea de enfrentar desafíos y no retroceder ante las dificultades.

## CÓDIGO DRENGR:
### la valentía en la cultura vikinga

Uno de los aspectos clave de la ética vikinga era el llamado Código Drengr, que reunía un conjunto de ideales que los vikingos consideraban esenciales en una vida honorable.

El Código Drengr se centraba en la valentía y abarcaba diferentes aspectos de la vida vikinga. Algunos de los principios fundamentales son:

- Valor en la batalla
- Lealtad y honor
- Respeto por los dioses
- Respeto por los ancianos
- Generosidad y hospitalidad
- Persistencia y determinación

# SI HOY NECESITAS IRTE LEJOS

**VIAJAR** es una palabra llena de magia y emoción, evoca aventura, descubrimiento y crecimiento personal. Es el acto de alejarse de lo familiar y adentrarse en lo desconocido. Viajar no se trata solo de visitar lugares, sino de sumergirse en nuevas perspectivas, desafiar lo conocido y abrirse al mundo. Es una oportunidad para descubrirte a ti mismo, superar obstáculos y crear recuerdos que durarán toda la vida.

**WANDERLUST:**
**la pasión por viajar**

*Wanderlust* es un término que describe el fuerte deseo de viajar y explorar lugares nuevos. Las personas con *wanderlust* sienten una intensa pasión por descubrir el mundo, sumergirse en diferentes culturas y admirar paisajes. Este sentimiento puede surgir por una curiosidad natural, el deseo de escapar de la rutina o la búsqueda de emocionantes experiencias.

El *wanderlust* se manifiesta de diferentes formas: algunos buscan aventuras en lugares remotos y exóticos, mientras que otros disfrutan descubriendo los encantos locales de destinos cercanos. Fomenta una mente abierta y una mayor apreciación por la diversidad del mundo.

**RESFEBER:**
**la emoción previa a la aventura**

*Resfeber* es un término sueco que describe la emoción y la ansiedad que se siente antes de emprender un viaje. Es la mezcla de sensaciones que experimentamos cuando nos preparamos para salir de nuestra zona de confort y enfrentar lo desconocido. Puede manifestarse como nerviosismo, anticipación y entusiasmo por lo que está por venir. Se refiere a la sensación única en que se acelera el corazón antes de embarcarse en una aventura.

**ELEUTHEROMANIA:**
**en busca de la libertad**

La *eleutheromania* es un término que proviene del griego *eleuthería*, que significa «libertad» y *manía*, que significa «obsesión». Se utiliza para describir una intensa pasión y deseo de ser libre, sin restricciones, reglas o normas impuestas por la sociedad o cualquier autoridad.

Cuando se relaciona la *eleutheromania* con viajar, se refiere a un fuerte deseo de experimentar la independencia y la autonomía a través de la exploración del mundo. Las personas que la experimentan sienten una necesidad abrumadora de romper con las restricciones de la rutina y la comodidad del hogar, y se sienten impulsadas a aventurarse hacia lo desconocido.

## *El sentir del viajero*

Viajar despierta emociones únicas: emoción anticipada, deseos y añoranzas. Sentimos gratitud y aprecio por el mundo. Es una travesía que alimenta nuestro espíritu aventurero.

**FERNWEH** (alemán)
Deseo de viajar por lugares distantes y desconocidos. Señala el anhelo por explorar y conocer el mundo más allá de lo que es familiar.

**COSMOPOLITA**
Persona (o ambiente) que tiene una mentalidad abierta y está familiarizado con diferentes culturas y costumbres, o que se siente en casa en cualquier lugar del mundo.

**ASPALDIKO** (vasco)
Significa «cuánto tiempo sin verte» y describe la alegría que se siente al ver a alguien luego de un periodo prolongado.

**MISSMYÖRSRIESA** (finés)
Sentimiento de añoranza o nostalgia por un lugar al que nunca se ha viajado. Es la sensación de extrañar un sitio desconocido, quizás inspirada por relatos, imágenes o experiencias ajenas.

**KAUKOKAIPUU** (finés)
Extrañar un lugar distante y desconocido, como si de alguna manera perteneciéramos a él, a pesar de nunca haber estado allí.

## *Cuestión de actitud*

Las actitudes y enfoques respecto al viaje son diversos. Algunos lo ven como una emocionante aventura para descubrir nuevos lugares y culturas, otros para relajarse y también hay quienes aprovechan los viajes para aprender y enriquecerse intelectualmente. En todo caso, viajar abre la mente, inspira el alma y transforma vidas, vinculándonos al mundo y a su diversidad.

**SOLIVAGANT** (inglés)
Persona que viaja sola y se sumerge en la vivencia de la soledad mientras explora nuevos lugares. Encuentra placer y reflexiona mientras se aventura en sus recorridos sin compañía.

**NOVATURIENT** (latín)
Anhelar cambios y nuevos comienzos al viajar. Persona que siempre está buscando experiencias renovadoras y emocionantes, y el viaje se convierte en la oportunidad de transformaciones personales y emocionales.

**FLÂNEUR** (francés)
Significa «paseante» o «callejero» y nombra a una persona que disfruta caminando por las calles y apreciando la belleza del entorno.

**GADABOUT** (inglés)
Persona que ama viajar o moverse constantemente de un lugar a otro, buscando siempre nuevas experiencias y aventuras.

**ITINERANTE**
Alguien que viaja de un lugar a otro sin un destino fijo. Es una persona que se desplaza y se deja llevar por la aventura y la espontaneidad.

**DOMINGUERO**

Alguien que disfruta de hacer pequeñas excursiones o salidas los domingos. Es alguien que aprovecha su tiempo libre durante los fines de semana para explorar y disfrutar del entorno cercano.

**EVENTYRLYSTEN** (noruego)

Sentimiento de ser aventurero. No tiene por qué implicar peligros y riesgos. Puede significar que tienes el deseo de probar algo nuevo o viajar a un lugar único.

## *Experiencias lingüísticas y culturales*

Viajar nos brinda vivencias únicas en cuanto a idiomas y culturas. Al sumergirnos en diferentes tradiciones y formas de comunicación, apreciamos la diversidad humana. Nos enseña a entender más allá de las palabras.

**YOKO MESHI** (japonés)
Significa «comida lateral» y describe la sensación de dificultad o incomodidad al intentar hablar un idioma extranjero.

**TROUVAILLE** (francés)
Se traduce como «hallazgo» y se refiere a un descubrimiento afortunado o a una pieza valiosa que se encuentra de manera inesperada.

**SPRACHGEFÜHL** (alemán)
Significa «sentimiento del lenguaje». Es la habilidad o intuición que tiene una persona para comprender, utilizar y percibir el lenguaje de manera natural y fluida.

**AKIHI** (hawaiano)
Acto de pedir instrucciones para llegar a un determinado lugar y olvidarlas inmediatamente.

**MÂI BPEN RAI** (tailandés)
Expresión utilizada como respuesta a «gracias» y significa algo más que un simple «de nada». Procura una actitud de «no hay problema» y que no se necesita más ayuda.

**GLUGGAVEÐUR** (islandés)
Significa «clima ideal para mirar por la ventana». Se refiere a una agradable sensación de bienestar y comodidad que se experi-

menta al estar en el interior de un lugar mientras se observa el mal tiempo fuera.

## *Conceptos relacionados con la alimentación y la gastronomía*

Al viajar, descubrimos diferentes conceptos relacionados con la acción de comer en diversas culturas. Cada lugar tiene su propia historia y tradiciones culinarias, lo que nos permite experimentar y aprender sobre la importancia de la comida más allá de lo alimentario.

**MATVANDUR** (islandés)
Persona quisquillosa y muy delicada con la comida.

**IZAKAYA** (japonés)
Son bares japoneses que sirven una amplia variedad de platos pequeños y bebidas, como el sake, para compartir con amigos y compañeros de trabajo.

**PALEGG** (noruego)
Significa «puesto encima» y se refiere a cualquier cosa que se pueda poner sobre una rebanada de pan.

**SHEMOMEDJAMO** (georgiano)
Significa «me lo comí todo sin querer» y se usa en esas situaciones en las que, a pesar de estar llenos, seguimos comiendo por el placer de hacerlo.

**PELINTI** (buli)
Se refiere a eso que pasa cuando la comida está muy caliente y haces el esfuerzo de no escupirla mientras te quemas la boca.

**ABBIOCCO** (italiano)
La somnolencia que se siente después de una comida abundante.

**OLFRYGT** (danés)
El miedo a quedarse sin cerveza.

**UMAMI** (japonés)
Un sabor rico y gustoso.

**CENOSILICAFOBIA**
Miedo irracional a ver un vaso vacío. La mayoría de las veces se relaciona con el hecho de ver una copa o jarra sin bebidas alcohólicas.

**BETSUBARA** (japonés)
Sensación de tener espacio extra para el postre, incluso después de una comida completa.

**TUMBAOLLAS**
Persona comedora y glotona.

## *Términos relacionados con la ubicación y el entorno*

Cuando viajamos damos con términos que nos invitan a explorar, relacionarnos con el entorno y apreciar la diversidad del mundo que nos rodea.

**SELCOUTH** (inglés)
Aquello que es poco familiar pero atractivo, ya sea en términos de personas, lugares, ideas o experiencias.

**ELEFANTENRENNEN** (alemán)
Situación en la que un conductor lento intenta adelantar a otro ligeramente más lento, y obstaculiza el tráfico detrás de ellos.

**STURMFREI** (alemán)
La sensación de libertad y tranquilidad al estar solo en un lugar.

**CRYPTOSCOPOPHILIA** (inglés)
El deseo de mirar en secreto a través de las ventanas de las casas de los lugares por las que uno pasa.

**MONDO**
Limpio y libre de cosas añadidas o superfluas.

**ADUANTAS** (irlandés)
Sentimiento de inquietud por encontrarse en un entorno nuevo.

## *Durante el viaje*

Durante el viaje se viven situaciones emocionantes y enfrentamos desafíos. Exploramos lugares nuevos, nos sumergimos en la cultura local, en lo inesperado y creamos recuerdos inolvidables.

**DÉRIVE** (francés)
Viaje o caminata espontánea y no planificada, a menudo a través de un entorno urbano, donde la persona se deja guiar por su intuición y su entorno. Está asociado con la idea de explorar y experimentar la ciudad de una manera nueva e inesperada.

**CODDIWOMPLE** (inglés)
Viajar intencionadamente hacia un destino desconocido. Es el acto de viajar con un sentido de aventura.

**PERIPLO**
Viaje o recorrido largo que abarca distintos países, antiguamente por mar.

**CROOCHIE-PROOCHLES** (dialecto escocés)
Una sensación de malestar causada por sentarse en una posición apretada.

**KARELU** (tutu)
Marca o irritación que queda en la piel debido al uso prolongado de un objeto apretado, como un cinturón, reloj, anillo, o ropa ajustada.

## *Conceptos relacionados con el tiempo y el espacio*

**ONISM**

Descrita por John Koenig en *The Dictionary of Obscure Sorrows*, es la sensación de que hay innumerables lugares, culturas, eventos y momentos en el mundo, pero solo somos capaces de experimentar una fracción de ellos en nuestra vida.

**DØGNE** (noruego)

Saltarse una noche de sueño y así permanecer despierto durante al menos 24 horas.

**KAAPSHLJMURSLIS** (letón)

Situación en la que se está apretado mientras se viaja en transporte público.

**DROMOMANÍA:**
**el impulso incontrolable de viajar**

*Dromomanía* es un término médico que nombra un trastorno psicológico en que se siente una necesidad compulsiva de viajar o deambular sin un destino específico. Este impulso puede afectar hasta descuidar las responsabilidades diarias, trabajo y relaciones personales. Las personas con *dromomanía* se sienten inquietas y ansiosas si permanecen mucho tiempo en un lugar y encuentran alivio momentáneo al moverse a nuevos destinos.

**HODOFOBIA:**
**el miedo a desplazarse**

La *hodofobia* es el miedo intenso e irracional a viajar o desplazarse. Esta fobia puede manifestarse de diferentes maneras y en diversas situaciones. Sentir miedo a volar o tomar un autobús, o ansiedad solo con pensar en dejar el hogar, y unos pocos pueden entrar en pánico en lugares desconocidos. Quienes padecen hodofobia pueden sentir miedo ante la idea de tener que viajar. Limita la vida de quienes la padecen, y dificulta su participación en actividades sociales, laborales o recreativas que requieran desplazarse a lugares nuevos o lejanos.

**AEROFOBIA:**
**miedo a volar**

La *aerofobia* es un miedo extremo e irracional a volar o estar en un avión. Las personas con esta fobia pueden sentir ansiedad intensa y pánico al pensar en volar o estar en una aeronave.

# SI HOY NECESITAS SENTIRTE ARROPADO

El cariño es un sentimiento, una manera de expresar afecto que nos une con ternura. Es universal y se expresa con gestos atentos, palabras amables y abrazos reconfortantes. En diferentes culturas encontramos formas únicas de expresar este lazo especial que nos acerca unos a otros. El cariño es el hilo dorado que teje nuestra humanidad, recordándonos que el amor y la ternura son valores fundamentales.

## *Expresiones de afecto*

Las expresiones de afecto y cariño son muestras de amor para quienes nos importan. Pueden ser gestos simples, como dar un beso, y fortalecen nuestras relaciones con los demás.

**ÓSCULO**

Beso en la mejilla o los labios. Es una muestra de cariño que se expresa con el contacto suave de los labios, ya sea entre amigos, familiares o parejas.

**LUFTKUSS** (alemán)

Se traduce como «beso de aire». Es un gesto simbólico, se envía un beso a alguien, a menudo a distancia, soplando hacia ellos.

**TIAM** (persa)

Describe el destello en los ojos cuando acabas de conocer a alguien.

**CHEIRO NO CANGOTE** (portugués)

Significa «olor en el cuello». Se refiere a besar o acariciar el cuello, un gesto íntimo y afectuoso que es una expresión de amor y pasión.

**BASOREXIA**

Necesidad repentina de besar a una persona. Es un impulso intenso y espontáneo a través de un beso, como una muestra de amor o deseo.

**HONGI** (maorí)

Saludo tradicional que consiste en juntar la nariz y la frente, y que simboliza la conexión de almas.

## *Caricias del lenguaje*

Las caricias del lenguaje son como abrazos con palabras. Maneras en las que expresamos amor y cariño hacia aquellos que queremos.

**ARRUMAR**
Abrazar y acariciar.

**MENCOLEK** (indonesio)
Tocar a esa persona querida con suavidad, con el dedo índice, un gesto juguetón o cariñoso.

**NANAI** (quechua)
Caricia muy tierna con la que se trata de calmar un dolor o una pena.

**UŇUHŇAT** (checo)
Querer sofocar o aplastar con abrazos o caricias con la intención de demostrar un amor incondicional e ilimitado.

**ARRUNCHARSE**
Se utiliza de forma común en países como Colombia para describir el acto de acurrucarse o abrazarse con cariño, para demostrar afecto y cercanía.

**APECHICHAR**
Mimar o consentir a alguien.

**CWTCH** (galés)
Describe un abrazo acogedor y protector, que transmite calidez y seguridad.

**GIGIL** (tagalo)
Describe el deseo irresistible de apretar o abrazar a alguien debido a su encanto o ternura.

**ZHI ZI ZHI SHOU, YU ZI XIE LAO** (chino)
Deseo de una pareja de envejecer juntos, sosteniéndose de la mano.

**MAKOKORO** (japonés)
Aquel que piensa en los demás por encima de sí mismo.

**IJIRASHII** (japonés)
Sensación de emoción o gratitud que surge al presenciar algo adorable o conmovedor.

## JEONG:
## el valor del apego en la cultura coreana

*Jeong* o *jung* señala un sentimiento de vinculación hacia alguien o algo. Es un valor esencial en la sociedad coreana y se manifiesta en diversas acciones que demuestran cuidado hacia los demás.

El *jeong* es un lazo emocional que se teje en las relaciones interpersonales, desde la familia hasta los amigos y miembros de la comunidad. No se limita a las relaciones cercanas, sino que se extiende a quienes comparten una historia o pertenecen a un grupo en particular. El *jeong* se expresa en pequeños gestos cotidianos, como preocuparse por el bienestar de otros, mostrar aprecio, brindar ayuda desinteresada y estar presente en momentos de alegría y tristeza.

En la cultura coreana, el *jeong* es un valor que se transmite de generación en generación siendo una parte integral de su identidad y reflejando la importancia que se da a las relaciones interpersonales y el sentido de comunidad.

## QUERENCIA:
## el refugio del corazón

La *querencia* es el cariño profesado hacia alguien o algo que nos hace sentir cómodos y amados. Es como nuestro refugio, donde encontramos tranquilidad y familiaridad. También puede ser un lugar especial que nos gusta mucho o hacia el cual sentimos un cariño especial. Puede ser nuestra tierra natal o nuestro hogar, pero también cualquier sitio que nos haga sentir bien y queridos. Es una palabra que nos hace pensar en la importancia de los lugares que nos llenan de afecto y nos hacen sentir como en casa. La *querencia* es ese lazo especial que tenemos con un lugar o situación que nos hace sentir felices y en paz.

## APAPACHAR:
### abrazar con el alma

La palabra *apapachar* proviene del vocablo náhuatl *patzoa* que luego replica la primera sílaba en *papachoa*. El origen de apapachar se refiere a la caricia de los niños. La RAE la define como una «caricia o abrazo cariñoso», sin embargo, la definición mexicana es más poética: «abrazar o acariciar el alma».

Algunos autores también lo asocian con la palabra *apachurrar*, que se usa para indicar cómo un aguacate se transforma en un guacamole. Hay quienes la consideran la palabra más bonita del idioma español.

## CAFUNÉ:
### cariño y conexión a través del tacto

La palabra *cafuné* tiene raíces de origen yoruba, un idioma hablado por los esclavos en Brasil. Abarca toda una secuencia de acción y estado de ánimo: el acto de pasar los dedos por el cabello de alguien de manera tierna. Es un acto que es calmante y amoroso, y se usa para mostrar afecto hacia las personas más cercanas.

*Cafuné* es una expresión de cariño, pero sobre todo es una manifestación reconfortante. Es lo que las madres hacen por sus hijos, lo que un compañero hace por su pareja después de un largo día de trabajo. Es una señal de amor, unas manos que acarician suavemente tu cabeza antes de dormir para calmar tu mente.

# SI HOY NECESITAS SACAR TU LADO CREATIVO

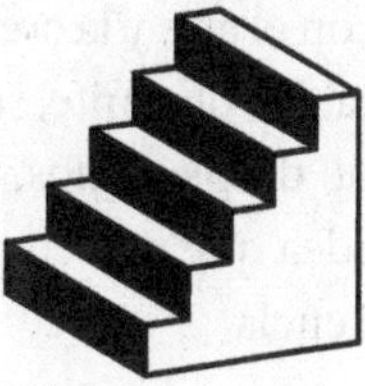

El arte es una expresión creativa que va más allá del tiempo y el espacio. Es como un lenguaje universal que nos permite aflorar nuestras emociones, pensamientos e ideas. Con colores llamativos, trazos delicados, melodías cautivadoras y palabras cuidadosamente entrelazadas, el arte nos lleva a lugares desconocidos y nos invita a descubrir quiénes somos realmente.

El arte refleja la cultura, la historia y la identidad de las sociedades. Es como un lienzo en blanco donde la imaginación puede volar libre, y donde las emociones y las verdades se hacen visibles. En todas sus formas, el arte es como un eco de la humanidad, una ventana que nos conduce a la belleza y a la trascendencia, uniendo a todos los seres en este misterioso y vasto universo.

**MERAKI:**
**el arte de crear con alma y pasión**

*Meraki* es el acto de impregnar cada acción con pasión, creatividad y amor. Es dejar una impronta en todo lo que tocan nuestras manos y atraviesa nuestra vida.

En la modernidad griega, *meraki* se reserva para actividades relacionadas con el arte y la creatividad, como la danza, la pintura o la música. No obstante, su significado puede aplicarse a cada acto que desplegamos, sin importar su magnitud. *Meraki* es una idea que nos empodera y nos enlaza con nuestra verdadera esencia.

**THINK PO:**
**desafiando lo convencional a través de la creatividad**

*Think Po* es una forma creativa de pensar que nos invita a ser provocadores y desafiantes. Fue ideada por el psicólogo e inventor Edward De Bono en los años 70. Es una estrategia de creatividad que rompe con las maneras de pensamiento tradicionales, permitiéndonos jugar con nuevas ideas y ver la realidad desde perspectivas inusuales.

Esta filosofía nos anima a explorar conceptos desde ángulos poco convencionales, estimula nuestra imaginación e insta a reflexionar. Podemos aplicar esta técnica en cualquier área, desde resolver problemas hasta crear arte. *Think Po* es una valiosa invitación a pensar de manera creativa para descubrir soluciones originales. Es una poderosa herramienta para expandir nuestra mente y explorar el fascinante mundo de la creatividad.

## WU WEI:
## menos es más

*Wu wei* es un término de origen chino que señala un aspecto de la filosofía y espiritualidad del taoísmo. Se traduce como «no acción» o «no hacer». Pero esto no significa quedarse sin hacer nada o ser pasivo. En realidad, se trata de actuar de forma natural y sin forzar las situaciones, como si estuviéramos siguiendo la corriente del universo y adaptándonos a las situaciones sin oponer resistencia.

En la práctica de *wu wei*, se busca actuar con espontaneidad, permitiendo que las acciones emerjan intuitivamente, fluir con la corriente de la vida, en lugar de luchar contra ella.

En el arte, el concepto de *wu wei* puede aplicarse a la creatividad y la expresión artística. Así, las ideas fluyen sin esfuerzo, y la inspiración surge de manera natural. Es un enfoque que favorece la autenticidad en la creación artística, sin imponer esfuerzo o rigidez en el proceso.

## KINTSUGI:
## arte en las cicatrices

*Kintsugi*, también conocido como *Kintsukuroi*, es una antigua técnica japonesa para reparar cerámica rota. En vez de esconder las grietas, se destacan y embellecen con barniz mezclado con polvo de oro, plata u otros materiales preciosos. El resultado es una cerámica restaurada con líneas doradas o plateadas que le dan una belleza única y un significado simbólico.

El *Kintsugi* es una filosofía que valora la imperfección y la historia de un objeto. En lugar de desechar la cerámica rota, se le da un nuevo propósito y apreciación, se muestra que las heridas y cicatrices son parte importante de su historia. Podemos relacionar la fragilidad de la porcelana con nuestra propia vida, viendo nuestras heridas como oportunidades para enfrentar el mundo con fortaleza.

## La obra de arte total: GESAMTKUNSTWERK

*Gesamtkunstwerk* es un término alemán que se traduce como «obra de arte total». Fue popularizado en el siglo XIX por el compositor Richard Wagner, que visualizó un arte que combinara múltiples disciplinas en un trabajo unificado.

En la visión de *gesamtkunstwerk*, todas las artes, la música, el teatro, la poesía, la danza y las artes visuales se combinan armoniosamente para crear una experiencia total.

**SFUMATO** (italiano)
Técnica de pintura que suaviza los contornos para crear una transición suave entre colores y formas.

**CHIAROSCURO** (italiano)
Técnica artística que juega con luces y sombras para dar volumen y profundidad a una obra.

**GONGBI** (chino)
Estilo de pintura chino que se caracteriza por un detalle meticuloso en cada trazo.

**OBJET TROUVÉ** (francés)
Significa «objeto encontrado», y se utiliza en arte para describir objetos cotidianos incorporados a una obra.

**ÉCFRASIS** (griego)
Representación verbal de una figura visual, como una pintura, escultura o imagen. Es una forma de descripción artística que busca plasmar en palabras los detalles y características de la obra de arte, permitiendo al lector imaginar y experimentar la figura visual de manera vívida.

**TRAMPANTOJO**
Expresión que significa «trampa ante ojo». Se refiere a una ilusión o truco visual que engaña a alguien haciéndole ver algo que en realidad no es.

**MOJIGANGA**

Obra teatral corta y cómica en la que participan personajes extravagantes y ridículos. Suele ser una representación humorística y exagerada.

*Música*

La música es un arte que nos emociona. A través de sus melodías y ritmos, nos inspira y conmueve, uniendo a personas de diferentes culturas y épocas. Desde la Antigüedad ha sido una forma universal de expresión. Tocar una sinfonía, cantar con pasión o dejarse llevar por los ritmos de la danza nos permite explorar nuestro ser y acercarnos a los demás.

**ADAGIO**
Pieza que debe ser interpretada de manera lenta y pausada.

**ALLEGRO**
Música que debe ser tocada en un tempo rápido y en un tono animado.

**CADENZA**
Momento de una pieza musical en el que un músico tiene la oportunidad de interpretar un solo libremente, apartándose del tempo o ritmo establecido.

**FERMATA**
Símbolo en partituras que indica que una nota debe ser sostenida más allá de su duración normal.

**GIOCOSO**
Sugiere que la pieza debe ser interpretada alegre y ligera, a menudo a un ritmo más rápido.

**GLOCKENSPIEL**
Es un instrumento de percusión que tiene barras de metal que se tocan con un mazo rígido.

**RAPSODIA**
Pieza musical de un solo movimiento que explora múltiples secciones de manera libre, sin estar necesariamente conectadas entre sí.

**VIVACE**
Significa «vivaz» en italiano y sugiere un tempo rápido y una interpretación enérgica.

## LISZTOMANÍA:
## pasión por la música

*Lisztomanía* es una palabra que se originó en el siglo XIX y refiere a la intensa admiración y fervor que la gente tenía por el famoso compositor y pianista húngaro, Franz Liszt. Durante su tiempo, Liszt era una figura carismática que cautivaba a sus audiencias con su virtuosismo en el piano y su presencia escénica.

La *lisztomanía* se caracterizaba por la obsesión y el entusiasmo desbordante que generaba en sus seguidores, quienes a menudo lo seguían en sus conciertos, le enviaban cartas de admiración y clamaban por la oportunidad de verlo tocar en vivo. También se ha utilizado para describir una especie de fiebre o pasión desenfrenada que algunas personas sienten hacia artistas, músicos o celebridades en general.

## TARAB:
## éxtasis musical

*Tarab* es una palabra árabe que no tiene una traducción exacta en otros idiomas, pero se podría explicar como el momento de éxtasis que se vive al escuchar una canción. Es una experiencia de comunión con la música, donde el oyente se sumerge en las emociones transmitidas por la interpretación. Es un estado de inmersión tan intenso que va más allá del simple disfrute.

El *tarab* es apreciado por su capacidad para evocar respuestas emocionales poderosas y para transportar a un estado de completa absorción musical.

**MELOMANÍA**

Pasión extrema u obsesión por la música. Las personas con melomanía tienen un amor apasionado por la música, gran parte de su tiempo escuchan, descubren y exploran nuevos géneros y artistas musicales.

**MELOLAGNIA**

Atracción o excitación sexual derivada de la música. Esta conexión entre la música y la sexualidad puede generar respuestas emocionales y físicas durante la audición de ciertas melodías o géneros musicales.

**OHRWURM** (alemán)

Significa «gusano de oído». Hace referencia a cuando una canción o melodía se queda en la mente y se reproduce repetidamente, incluso sin quererlo. Es esa pegajosa tonada que parece atascarse en nuestra cabeza, acompañándonos a lo largo del día.

**AMUSIA**

Condición neurológica que se caracteriza por la incapacidad de percibir y apreciar la música de manera adecuada. Las personas que sufren de amusia pueden tener dificultades para reconocer melodías, identificar tonos o mantener el ritmo al escuchar música. Esta condición puede ser congénita o adquirida debido a lesiones cerebrales.

*Libros y escritura*

La escritura nos permite expresar nuestros pensamientos y emociones a través de las palabras. Con ella, podemos sumergirnos en un mundo de imaginación, creatividad y comunicación. La escritura nos acerca a otras personas, nos hace superar barreras de tiempo y espacio, nos permite compartir conocimientos y contar historias. La escritura es una herramienta que nos capacita para dar forma a nuestras ideas y dejar una huella duradera en la historia.

## TSUNDOKU:
## el tesoro de libros por descubrir

*Tsundoku* es una palabra japonesa que señala la costumbre de comprar libros con la intención de leerlos en el futuro, pero que, en lugar de leerlos, los dejamos acumulados en una pila. Es una combinación de *tsunde* (apilar) y *oku* (dejar).

Este término se ha vuelto popular entre los amantes de la lectura y es una forma divertida de expresar la situación común de tener una montaña de libros pendientes en casa. Aunque puede ser un poco frustrante, también muestra el amor por los libros y el deseo de sumergirse en nuevas historias y conocimientos.

*Palabras curiosas relacionadas con los libros y las letras*

**LIBROCUBICULARISTA**

Persona que disfruta de leer en la cama, que encuentra ahí comodidad y relajación para sumergirse en las páginas de un libro.

**ABIBLIOFOBIA**

Miedo irracional y ansiedad a estar sin libros. Las personas que padecen esta fobia pueden sentirse incómodas o inquietas si no tienen acceso a ellos.

**BIBLIÓGRAFO**

Persona especializada en libros, especialmente en los antiguos, dedicada a localizarlos y escribir sobre ellos.

**BIBLIÓPOLA**

Traficante de libros o, en términos más comunes, un librero que se dedica a la venta y comercio de libros.

**BIBLIÓFILO**

Persona que ama o tiene gran afición por los libros. Los bibliófilos encuentran placer en coleccionar, leer y cuidar libros con esmero.

**LOGOFOBIA**

Miedo irracional y desproporcionado a las palabras, lo que puede generar ansiedad o incomodidad en situaciones que involucren la lectura o escucha de palabras.

**BIBLIÓTAFO**

Es un coleccionista de libros que tiene la peculiaridad de ser enterrado con sus libros, aunque no necesariamente de forma literal. Esta pasión por los libros puede llegar al punto de que su afecto por ellos sea comparable a enterrarse con ellos.

**BIBLIOCLASTA**
Persona que destruye libros, puede romperlos, quemarlos o intentar hacer que sean olvidados. Esta acción puede tener motivaciones ideológicas, políticas o tan solo destructivas.

**HIPOPOTOMONSTROSESQUIPEDALIOFOBIA**
Miedo a las palabras largas. Las personas que la padecen sienten temor al leer o pronunciar palabras que contienen una gran cantidad de letras.

**ECDÓTICA**
Disciplina que se enfoca en estudiar los fines y los métodos de la edición de textos.

**LETHOLOGICA** (inglés)
Incapacidad de recordar la palabra precisa.

**LOGASTELLUS**
Persona cuyo amor por las palabras es mayor que su conocimiento de las mismas.

**LOGOLEPSIA**
Obsesión por las palabras.

**TACHIYOMI** (japonés)
Estar en una librería y leer un libro sin comprarlo.

**VELLICHOR**
Descrita por John Koenig en *The Dictionary of Obscure Sorrows*, es la extraña nostalgia hacia viejas librerías.

**ANAGNÓRISIS:**
**un tesoro narrativo**

La anagnórisis, originaria de la antigua Grecia y también conocida como «acción de identificar», es una figura retórica utilizada como recurso narrativo en la literatura. Se manifiesta en el momento en que un personaje realiza un acto de reconocimiento de su identidad y comprende las consecuencias de sus acciones, y pasa de un estado de ignorancia a uno de conocimiento. Esta revelación puede ocurrir durante el reencuentro de personajes después de un largo periodo de tiempo.

La anagnórisis fue descrita por primera vez por Aristóteles y está ligada a la tragedia griega clásica. Destaca en el momento de la peripecia, que acerca al público hacia eventos cruciales en la vida del personaje. Este recurso también es común en la comedia griega así como en obras españolas, el teatro barroco y la novela caballeresca. William Shakespeare incorporó la anagnórisis en algunas de sus obras y tragedias.

Descubrir la anagnórisis en una historia es un verdadero tesoro narrativo, pues añade profundidad emocional y giros sorprendentes a la trama, y nos permite comprender de manera más intensa a los personajes y su evolución en la historia.

**GLOSOLALIA**

Fenómeno del habla en el cual una persona emite sonidos, palabras o frases sin un significado lingüístico comprensible. Estos sonidos pueden ser expresiones incoherentes o vocales repetitivas. La glosolalia a menudo se asocia con estados alterados de conciencia, prácticas religiosas o espirituales, o con trastornos del habla.

**JERIGONZA**

Lenguaje o forma de hablar que se caracteriza por su dificultad para ser comprendido por aquellos que no están familiarizados con él. Suele ser un lenguaje secreto o codificado por grupos de personas para comunicarse en privado o mantener una conversación encriptada. La jerigonza puede formarse por la modificación de las palabras mediante la adición de sílabas o letras adicionales, cambios en el orden de las letras o por palabras inventadas.

**METAPLASMO**

Alteración de una palabra mediante la adición, supresión o cambio de letras o sílabas, lo que puede afectar su pronunciación o significado.

**MACARRÓNICO**

Lenguaje o texto que es muy defectuoso, a menudo mezcla de una lengua extranjera con la propia o que presenta errores gramaticales y léxicos, o incluso palabras inexistentes.

**IDIOLECTO**

Conjunto de rasgos propios en la forma de expresarse de un individuo. Designa el lenguaje particular de una persona.

**HERMENÉUTICA** (griego)
Arte y ciencia de la interpretación de textos. Su objetivo es comprender y explicar el sentido de los textos en su contexto histórico, cultural y lingüístico.

**EUFEMISMO**
Figura retórica que consiste en suavizar o atenuar el significado de una palabra o expresión para hacerla menos directa o menos ofensiva. Se utiliza para abordar temas delicados o incómodos de manera más amable y respetuosa.

**HIPÉRBOLE**
Consiste en exagerar o ampliar excesivamente una idea, situación o característica para enfatizar su importancia o impacto. Se emplea para crear efectos dramáticos o humorísticos.

**JITANJÁFORA**
Construcción verbal o conjunto de palabras que carecen de un sentido lógico o claro, utilizada con fines poéticos o lúdicos. Se caracteriza por su sonoridad y musicalidad, más que por su significado.

**PALÍNDROMO**
Palabra, frase o número que se lee igual de izquierda a derecha y de derecha a izquierda. Son estructuras simétricas que crean un juego de palabras interesante y curioso.

**SOLILOQUIO**
Discurso o monólogo que mantiene un personaje consigo mismo, como si estuviera pensando en voz alta. Suele utilizarse para revelar los pensamientos y emociones internas de un personaje.

**DITIRAMBO**
En la antigua Grecia, poema en honor al dios Dionisio, caracterizado por su entusiasmo y exaltación. En la actualidad, el término se refiere a una alabanza o elogio apasionado y entusiasta.

**SINÉCDOQUE**

Figura retórica que consiste en usar una parte de algo para referirse al todo, o viceversa. Por ejemplo, «manos» para referirse a trabajadores o «velas» para referirse a un barco. Se emplea para crear un impacto más fuerte o para resumir una idea de manera concisa.

**APÓCRIFO**

Obra escrita que no es auténtica o no es obra de la persona a la que se atribuye.

**GOYA** (urdu)

Suspensión de la incredulidad cuando la fantasía es tan hábilmente presentada que adquiere por un tiempo la apariencia de realidad. Este concepto se asocia con una narración cautivadora que logra envolvernos por completo en la historia que se está contando.

**KÜNSTLERROMAN** (alemán)

Novela centrada en la vida de un artista y que narra cómo este personaje crece y evoluciona a lo largo de la historia.

**LEITMOTIV** (alemán)

Palabra, figura retórica o idea que aparece repetidamente a lo largo de una obra, a menudo con variaciones en su forma o presentación. También puede hacer referencia a la temática recurrente en una composición musical.

**CIRCUNLOQUIO**

Rodeo de palabras para dar a entender algo que hubiera podido expresarse más brevemente.

**PARALIPSIS** (griego)

Técnica que consiste en declarar que se omite o se pasa por alto algo, cuando de hecho se aprovecha la ocasión para llamar la atención sobre ello.

**ISAGOGE** (latín)

Literalmente «introducción» o «preámbulo». Se utiliza para designar la introducción de ciertas obras literarias.

## *El Quijote*

*El Quijote* es una obra literaria escrita por el autor español Miguel de Cervantes. Publicada en dos partes en 1605 y 1615, esta novela es una de las obras maestras de la literatura universal. Narra las aventuras de Don Quijote, un hidalgo que enloquece por la lectura excesiva de libros de caballerías y decide convertirse en un caballero andante para luchar contra la injusticia y defender a los débiles. Acompañado de su fiel escudero, Sancho Panza, Don Quijote se embarca en una serie de extravagantes aventuras que a menudo terminan en situaciones cómicas y delirantes. Cervantes emplea una selección de palabras para agregar profundidad y matices:

**MELINDROSO**
Delicado, afectado o que muestra excesiva fineza en su comportamiento.

**BLASFEMIA**
Palabras o expresiones ofensivas o irreverentes hacia algo sagrado.

**ESTRAMBOTE**
Término poético para un epílogo o comentario final al término de un poema.

**MENTECATO**
Alguien de escaso entendimiento, un poco necio.

**ECHACUERVOS**
Hombre embustero y despreciable.

**BÓBILIS**
Algo que se hace sin trabajo ni esfuerzo.

*El Quijote* contiene un lenguaje rico y variado con numerosas expresiones y palabras que pueden resultar inusuales o en desuso en la actualidad.

# SI HOY NECESITAS SENTIR AMOR

El amor es una de las emociones más complejas. Es un sentimiento que nos vincula a otros de una manera especial y significativa, desde el cariño y la compasión hasta el apasionado romance que nos hace sentir mariposas en el estómago.

El amor puede surgir en diferentes situaciones y relaciones, como en la familia, la amistad o en la pareja. El amor nos impulsa a cuidar y proteger a quienes nos importan, compartiendo momentos felices y enfrentando juntos los desafíos de la vida.

El amor también tiene beneficios para nuestra salud y bienestar. Se ha demostrado que amar y sentirse amado promueve la liberación de hormonas que generan bienestar y reducen el estrés. El amor nos hace sentir vivos, capaces de enfrentar la vida con fuerza y felicidad.

**CORDOJO**

Los amores no correspondidos y el estado emocional que surge tras pelearse con la persona amada. Es un término que señala el cuidado, la aflicción y la pena que emana del corazón.

**ADAMAR**

Esta palabra va más allá del simple «amar» y denota amar con pasión y vehemencia. Es una expresión del amor apasionado que trasciende las emociones cotidianas.

**AMORADO**

Alguien que estaba profundamente enamorado o que sentía un amor apasionado y ardiente hacia otra persona.

**AMARTELAR**

Dicho de los enamorados: mostrar efusión de forma afectuosa y acaramelada. También puede significar dar celos.

## LIMERENCIA:
### la obsesión en el amor

Limerencia es un término utilizado en psicología para describir un estado emocional intenso y obsesivo que una persona experimenta hacia otra. Se caracteriza por una fuerte atracción y deseo de estar cerca de la persona objeto de la limerencia. Durante este estado, se pueden tener pensamientos y fantasías recurrentes sobre el ser amado y sentir una euforia intensa cuando se está junto a este.

La limerencia se diferencia del amor en el sentido de que es más una pasión descontrolada y obsesiva que puede nublar el juicio y hacer que se idealice al objeto de afecto. También puede estar marcada por la incertidumbre y el miedo al rechazo, lo que lleva a experimentar emociones intensas y contradictorias.

La limerencia puede ser una experiencia agotadora y angustiante si no es correspondida o si se prolonga durante mucho tiempo sin resolverse. Es fundamental reconocer y comprender este estado emocional para manejarlo de manera saludable y construir relaciones sanas.

## MAMIHLAPINATAPAI:
### la conexión en una mirada

*Mamihlapinatapai* es una palabra en el idioma *yagán*, hablado por nativos de Tierra del Fuego, que describe un momento especial entre dos personas. Es cuando ambos se miran con un deseo mutuo y un lazo emocional, pero también con cierta timidez o temor a dar el primer paso. Es un momento de intensa comunicación silenciosa donde ambas personas desean que la otra tome la iniciativa, pero también temen el rechazo. Esta palabra encierra una complejidad emocional y refleja las sutilezas de las relaciones humanas. Aunque su traducción exacta es difícil, su belleza radica en la capacidad para dar nombre a un instante significativo entre dos personas.

## *Amor incondicional*

El amor incondicional es un sentimiento significativo que va más allá de las condiciones y expectativas. Es amar completamente a alguien, aceptar sus virtudes y defectos, y estar presente en todas las circunstancias.

**KOI NO YOKAN** (japonés)
Describe la sensación de saber que uno se enamorará de alguien después de conocerlo por primera vez. Es una intuición o presentimiento que indica que el amor está destinado a florecer entre dos personas en un futuro cercano.

**YA'ABURNEE** (árabe)
Expresa el deseo de que alguien viva más tiempo que uno mismo, porque la vida sin esa persona sería inconcebible. Es una forma de demostrar un amor tan profundo que desearías que la otra persona viviera más que tú.

**ROHAYHU** (guaraní)
Profundo amor o cariño hacia alguien. Es una forma de mostrar afecto y devoción hacia esa persona especial en tu vida.

**PIWKENYEYU** (mapudungun)
Esta palabra carga consigo un profundo significado: «Te llevo en el corazón». Amor intenso y valioso que trasciende el tiempo y el espacio.

**PREMA** (sánscrito)
Amor en su forma más pura, desinteresada e incondicional que se brinda sin esperar nada a cambio.

**MAHAL KITA** (tagalo)
Se utiliza para decir «te amo» con sinceridad sentida. Es una forma de expresar un amor apasionado hacia alguien.

**REDAMANCY** (latín)
El acto de amar a quien te ama. Es amor devuelto por completo.

**SVIZEM** (húngaro)
Significa «eres mi corazón».

## *Expresiones de enamoramiento*

En cada cultura y rincón del mundo, las personas encuentran formas únicas y hermosas de expresar su enamoramiento y celebrar el poder del amor.

**FORELSKET** (noruego)
Estado de enamoramiento, euforia y felicidad que se siente al estar enamorado.

**COUP DE FOUDRE** (francés)
Significa «golpe de rayo». Se utiliza para señalar un amor repentino e intenso, como un flechazo.

**KARA SEVDA** (turco)
Amor apasionado y cegador por otra persona, un sentimiento enfermo de amor que te consume.

**HAI SHI SHAN MENG** (chino)
Significa «la promesa del amor eterno». Evoca un compromiso valioso entre dos personas que están dispuestas a mantener su amor y lealtad inquebrantables.

## *Afecto y cariño*

Los sentimientos de afecto y cariño son una muestra de amor tierno que experimentamos hacia las personas que nos importan.

**GEMAS** (indonesio)
Refleja el amor o afecto que sentimos hacia alguien porque son tan lindos y adorables que queremos apretujarlos de amor.

**MANJA** (malayo)
Comportamiento infantil que algunas personas tienen con sus parejas.

**XODÓ** (portugués)
Algo o alguien que es querido, preciado o apreciado, destacando la importancia que tiene en nuestra vida.

**TOKIMEKI** (japonés)
Emoción o palpitar del corazón. Se puede definir como un sentimiento emocionante, una sensación positiva, como estar enamorado.

**KYOIKUMAMA** (japonés)
Madre que tiene altas expectativas y está comprometida en la educación y el éxito de sus hijos.

**YUANFEN:**
**el destino del amor**

*Yuanfen* es un término chino que expresa la idea de que ciertas personas están destinadas a cruzarse o encontrarse debido a una fuerza superior o un plan cósmico. Es un vínculo especial entre dos individuos que se encuentran en el momento y lugar precisos, como si fueran almas destinadas a cruzarse en su camino. Esta creencia indica la importancia que se le da en la cultura china a las relaciones interpersonales y cómo se ven influenciadas por fuerzas que escapan al control.

*Yuanfen* puede aplicarse a cualquier tipo de relación, ya sea de amistad, familia o romance y se considera como un regalo del destino que influye en el devenir de la relación. Es una bonita manera de entender las relaciones humanas y cómo el encuentro con otra persona puede ser algo valioso en nuestras vidas.

*Formas de experimentar el amor*

En el mundo de las emociones vinculadas al amor, diferentes culturas y lenguas tienen palabras únicas que capturan la complejidad de estos sentimientos. Estas expresiones revelan matices emocionales y vivencias relacionadas con el amor y que no siempre contemplamos. Aquí hay algunas de ellas:

**RAZLJUBIT** (ruso)
El proceso de dejar de amar o perder el amor por alguien que antes se amaba. Es una experiencia emocional intensa y compleja que refleja la naturaleza cambiante de los sentimientos amorosos.

**FERVOR**
Intensa pasión, entusiasmo o devoción hacia algo o alguien.

**MO CHUISLE MO CHROI** (irlandés)
Significa «mi pulso, mi corazón». Viene a decir que «eres el latido de mi corazón», lo que refleja una vinculación vital entre dos personas.

**TUPANANCHISKAMA** (quechua)
En el idioma quechua, no existe la palabra *adiós*; en su lugar, utilizan *tupananchiskama*, que significa «hasta que la vida nos vuelva a encontrar». Esta expresión muestra la esperanza y la creencia en un destino compartido, que mantiene vivo el lazo emocional a pesar de la distancia o el tiempo.

**RAABTA** (urdu)
Conexión emocional única y especial que puede existir entre dos personas.

**KILIG:**
**amor que causa mariposas**

*Kilig* es una palabra única que proviene del tagalo, un idioma hablado en Filipinas. Esta palabra captura la sensación de emoción y mariposas en el estómago que experimentamos cuando estamos cerca de alguien que nos gusta o nos hace sentir especiales. Es como una ráfaga de felicidad que nos inunda cuando coqueteamos o interactuamos con esa persona.

Esta vibrante palabra encapsula el sentimiento de enamoramiento y atracción romántica en la cultura filipina. Representa la emoción y la anticipación que experimentamos al compartir momentos significativos con alguien que nos cautiva.

## *Emociones en relaciones amorosas*

En el ámbito de las relaciones amorosas existen palabras que capturan matices emocionales que enriquecen nuestra comprensión del amor y las complejidades de las relaciones humanas. A continuación, se presentan algunas de ellas:

**FAGO** (ifaluk)
Describe un tipo de amor que es intenso y desesperado. Una pasión y devoción intensa que pueden surgir en una relación amorosa.

**VIRAHA** (hindi)
Sentimiento de separación o distancia que se experimenta en una relación amorosa. Esta palabra evoca la tristeza y la añoranza cuando se está lejos de la persona amada.

**OODAL** (tamil)
Falso enojo que presenta una pareja después de una pequeña riña. Esta expresión muestra cómo incluso en momentos de conflicto, el amor puede manifestarse a través de emociones complejas como el enfado junto al cariño.

**ODNOLIUB** (ruso)
Persona que ama o siente apego por una sola persona.

**NAZ** (urdu)
Es el orgullo y seguridad de saber que alguien te ama de forma incondicional.

**HABIBI:**
**la persona amada**

*Habibi* es una palabra de origen árabe que significa «mi querido» o «mi amado». También existe la versión femenina, *habibati*, que significa «mi amada» o «mi querida». Es una expresión cariñosa que se utiliza para mostrar afecto hacia alguien, ya sea en una relación amorosa, de amistad o hacia cualquier ser querido.

Esta palabra es frecuente en canciones, por lo general, en las de temática amorosa. En la cultura árabe se puede encontrar en diversos estilos musicales, incluso en aquellos diseñados para la danza del vientre.

## *Sentimientos agridulces*

Los sentimientos agridulces y complejos son emociones que contienen tanto elementos positivos como negativos que generan sensaciones contradictorias. Estos sentimientos suelen surgir en situaciones en las que hay una emergencia de alegría y tristeza, satisfacción y melancolía, o amor y dolor.

**ONSRA** (boro)
Sensación agridulce relacionada con el amor. Intuición de que el amor no durará, o la conciencia de que una relación amorosa está destinada a terminar. Es un sentimiento complejo y ambivalente que surge cuando se es consciente de que el amor puede ser efímero o que no es correspondido.

**LE DOLEUR EXQUISE** (francés)
Se traduce como «el dolor exquisito». Indica el dolor emocional placentero y melancólico que experimentamos ante el amor no correspondido. Es una sensación intensa y compleja que evoca un sentimiento agridulce de deseo y tristeza al mismo tiempo.

**CAVOLI RISCALDATI** (italiano)
Significa «repollo recalentado», pero en el idioma italiano describe el intento inútil de revivir un romance.

**KAPSOURA** (griego)
Primera fase del enamoramiento caracterizada por la obsesión hacia la otra persona.

**DOR** (rumano)
Echar de menos a alguien que amas en la distancia.

### De «Me gustas» a «Te amo»: APAIXONAR

*Apaixonar* es una palabra de origen portugués que se utiliza para describir el proceso de enamorarse y experimentar sentimientos de pasión y atracción hacia alguien. Es una palabra que encapsula la emoción y la intensidad de las primeras etapas del enamoramiento. Cuando una persona se *apaixona*, siente con intensidad y emoción deseo hacia otra persona. Es una sensación fuerte, ya que el enamorado se siente atraído por otra persona de una manera especial.

*Apaixonar* señala el momento en el que una persona pasa del simple «me gustas» al «te amo», cuando los sentimientos de amor se vuelven más profundos. Es un término que describe el inicio de una relación romántica y el enamoramiento inicial que marca el comienzo de una historia de amor.

### MAHABBAH: el amor en la cultura árabe

*Mahabbah* es un término árabe que representa un sentimiento de cariño hacia alguien o algo. En la cultura árabe es altamente valorado y considerado como un sentimiento noble y virtuoso. Expresa el amor cariñoso y compasivo hacia familiares, amigos, pareja o hacia Dios. Además, en el contexto religioso islámico, se utiliza para describir el amor y devoción hacia Dios, siendo una parte importante de la fe y espiritualidad en el islam. Destaca la importancia de mostrar cuidado, respeto y preocupación por el bienestar de los demás.

## *La filosofía* **METTA**

La filosofía *Metta*, también conocida como *Metta Bhavana*, es una antigua práctica budista originaria de la tradición Theravada. *Metta* significa «amor bondadoso» en *pali*, un dialecto del indio medio en que se escribieron las más antiguas tradiciones budistas. Se basa en la creencia de que el amor es una fuerza que puede transformar la mente y el corazón, promover la paz interior y la armonía en las relaciones interpersonales.

La filosofía *Metta* promueve una actitud de apertura, comprensión y aceptación hacia todos los seres vivos, sin importar origen, raza o creencias. Al desarrollar esta práctica, se busca superar el odio o la hostilidad para cultivar una mente y un corazón llenos de amor hacia toda la humanidad.

**MUNAY** (quechua)
Representa el amor y la compasión. Es el reflejo del afecto y la empatía que sentimos hacia los demás.

**KUME FELEN** (mapudungun)
Esta expresión revela un amor recíproco y equitativo, basado en el respeto y la igualdad entre todos los seres.

**NI MITZ TLAZOHTLA** (náhuatl)
Significa «te amo». Es un amor que se manifiesta en el afecto y el cuidado hacia nuestros seres queridos.

## *Tipos de amor según la antigua Grecia*

En la antigua Grecia los diversos tipos de amor se consideraban fundamentales, mostraban facetas únicas de las emociones y conexiones entre las personas. De esta manera, enriquecían la diversidad y la complejidad del amor en todas sus manifestaciones.

**PHILIA**

Es el amor entre amigos, basado en la admiración y protección mutua. Este tipo de amor busca el bienestar de la otra persona y se fundamenta en la confianza y la amistad. Es uno de los amores más duraderos y significativos.

**PRAGMA**

Representa el amor verdadero y duradero en una pareja. Se forma con el tiempo y la confianza mutua. Se basa en el respeto y la aceptación de las diferencias para fortalecer las afinidades.

**AGAPE**

Es un amor incondicional y desinteresado que pone el bienestar de la otra persona por encima de todo. Se acepta al otro a pesar de sus imperfecciones y se manifiesta a través de acciones generosas y conscientes.

**STORGE**

Es el amor que se desarrolla en relaciones familiares, como entre padres, hijos y hermanos. Surge con el tiempo y se caracteriza por ser leal y protector.

**EROS**

Representa el amor apasionado e intenso que puede llevar a hacer locuras en nombre del deseo y la atracción sexual. Es simbolizado por el dios Eros y se relaciona con el amor romántico y la pasión.

**PHILAUTIA**

Es el amor propio, considerado como el más importante de todos. Es la base para practicar los demás tipos de amor de manera sana y equilibrada.

**LUDUS**

Es un amor puramente sexual y pasional, caracterizado por el encuentro de placer sin necesidad de establecer una relación sentimental. Se trata de una vinculación más efímera y centrada en la atracción física.

## *La Celestina*

*La Celestina* es una obra literaria escrita por el autor español Fernando de Rojas y publicada por primera vez en 1499. Es una de las obras más importantes de la literatura española y se considera una tragicomedia. La trama se centra en la historia de amor entre Calisto y Melibea, dos jóvenes de diferentes clases sociales, y la intervención de Celestina, una alcahueta y hechicera que actúa como intermediaria en su relación. La obra explora temas como el amor, la lujuria o la pasión, y presenta una crítica hacia la sociedad de la época. En sus páginas descubrimos un mundo de palabras hermosas y sorprendentes que dan vida a una historia de amor y tragedia:

**ALCAHUETA**
Persona que facilita o promueve relaciones amorosas con motivos egoístas.

**ALLENDE**
Lugares o cosas que están más allá o fuera de un punto de referencia.

**LISONJAS**
Halagos o palabras amables que se utilizan para complacer.

**DÁDIVA**
Regalo que se da de manera desinteresada o generosa.

**MANCEBO**
Joven, que todavía no es adulto.

# SI HOY TIENES PREGUNTAS SOBRE PSICOLOGÍA

Entender conceptos de psicología es parecido a obtener una guía para comprender cómo funcionan nuestras mentes y comportamientos. Esto puede llevarnos a mejorar con los demás, manejar el estrés y tomar decisiones más inteligentes. También nos da herramientas para conocernos mejor y crecer en el complicado mundo de las emociones y las relaciones humanas.

**ALEXITIMIA:**
**la incapacidad para expresar emociones o sentimientos con palabras**

Proviene del griego y consta de las siguientes partes: *a-*, prefijo negativo, *lexis* (hablar) y *thymos* (emoción).

Se refiere a la falta o incapacidad para expresar emociones o sentimientos con palabras. Se utiliza para reconocer a pacientes con déficits en la conciencia emocional que son incapaces de expresar sus emociones o sentimientos. La primera cita fue en un manual titulado *Psicoterapia a corto plazo y crisis emocional*, publicado por la Universidad de Harvard.

Las personas con alexitimia se caracterizan por un comportamiento metódico basado en la lógica, y su terapia, a grandes rasgos, está pensada para ayudar a las personas a tomar conciencia y canalizar sus propias emociones.

**PARAMNESIA:**
**la distorsión de la realidad**

La paramnesia se refiere a una alteración de la memoria en la que se produce una confusión entre hechos auténticos y recuerdos que son ficticios. En términos más simples, alguien que experimenta paramnesia podría recordar eventos que nunca ocurrieron o tener dificultades para discernir entre recuerdos verídicos y falsos. Este fenómeno puede estar vinculado a diversas condiciones médicas y psicológicas, y a menudo perjudica la capacidad para recordar y relatar eventos de manera precisa.

**SINESTESIA:**
**cuando los sentidos se entrelazan**

La sinestesia es un fenómeno en el cual la estimulación de un sentido involucra automáticamente y de manera involuntaria la percepción en otro. Por ejemplo, una persona con sinestesia podría experimentar la visión de colores al escuchar música o asociar letras o números con colores específicos. Representa una vivencia sensorial extraordinaria en la que la información sensorial se fusiona de una manera que va más allá de las percepciones habituales. Es un fenómeno poco común pero fascinante en el que los sentidos interactúan de manera inusual.

### PAREIDOLIA:
### la tendencia del cerebro a encontrar significados

La pareidolia es un fenómeno psicológico en el cual percibimos patrones significativos, como rostros o formas reconocibles, en estímulos visuales o auditivos que son ambiguos o aleatorios. Es la tendencia natural de nuestro cerebro a buscar y encontrar familiaridad en cosas que no tienen un significado claro en sí mismas. Este proceso es común y puede llevarnos a interpretar incorrectamente objetos o estímulos como algo que no son en realidad. Por ejemplo, ver un rostro en la luna llena o descubrir figuras en las nubes son ejemplos típicos de pareidolia.

### CLINOMANÍA:
### el deseo irresistible de permanecer en la cama

La *clinomanía* se refiere a un fuerte anhelo de quedarse en la cama y retrasar el momento de levantarse. Las personas que la experimentan a menudo tienen dificultades para resistir la tentación de permanecer en la cama incluso cuando deberían estar realizando sus actividades diarias. Este comportamiento puede ser un síntoma de diversos trastornos del sueño o problemas de salud mental, como la depresión. La *clinomanía* tiene el potencial de obstaculizar la capacidad para cumplir con las responsabilidades y llevar a cabo las actividades cotidianas.

## PROCRASTINACIÓN:
### dejar para mañana lo que deberíamos hacer hoy

La *procrastinación* se refiere a aplazar o retrasar una tarea o acción que uno debe realizar, a menudo optando por hacer algo menos relevante en su lugar. Este comportamiento implica demorar la acción a pesar de conocer las posibles consecuencias negativas. La procrastinación puede originarse por diversas razones, como la falta de motivación, miedo al fracaso o la carencia de habilidades en la gestión del tiempo. Puede dificultar la productividad y el logro de objetivos personales o profesionales.

## ABREACCIÓN:
### liberación de emociones reprimidas

La *abreacción* es un término en psicología que explica cómo liberar emociones o traumas guardados al expresarlos y vivenciarlos nuevamente. Esto puede llevar a una intensa liberación emocional cuando se revive o se habla sobre un evento traumático o acerca de experiencias emocionales intensas. La idea es que, al expresar y liberar estas emociones reprimidas, se pueda sentir alivio emocional y bienestar.

## ABULIA:
### la falta de voluntad o de energía para hacer algo

La *abulia* señala la falta de motivación o la incapacidad para tomar decisiones y actuar. Las personas que experimentan abulia a menudo se sienten apáticas, sin interés y carecen de iniciativa. Puede dificultar llevar a cabo tareas cotidianas, establecer objetivos o tomar decisiones, incluso en momentos de necesidad.

**ALOGIA:**
**ausencia del lenguaje espontáneo**

La *alogia* se refiere a una notable reducción en la cantidad y calidad del lenguaje hablado. Esto se manifiesta a través de respuestas breves o poco elaboradas, así como una disminución en la fluidez y la coherencia al hablar. Aquellas personas que experimentan *alogia* a menudo encuentran desafíos al expresar sus pensamientos y emociones de manera clara, ya que puede dificultar la comunicación efectiva.

**TAQUIPSIQUIA:**
**la aceleración del pensamiento**

La *taquipsiquia* se refiere a un estado mental en el que los pensamientos se aceleran de manera inusual y excesiva. En este estado, los pensamientos surgen de forma rápida y desorganizada, a veces de manera descontrolada. Puede ser un síntoma presente en diversos trastornos mentales y quienes la experimentan a menudo se sienten abrumadas y suelen tener dificultades para concentrarse o comunicarse efectivamente debido a la velocidad de sus pensamientos.

**DIÁTESIS:**
**comprender la salud mental**

La diátesis se refiere a la predisposición o tendencia que tiene una persona a desarrollar una enfermedad o problema de salud específico debido a factores genéticos, ambientales u otros. En psicología, se usa para explicar cómo las personas pueden tener una vulnerabilidad genética o biológica que, cuando se combina con situaciones estresantes, puede llevar al desarrollo de un trastorno mental.

# SI HOY NECESITAS RECORDAR

El pasado es como un cofre del tesoro lleno de recuerdos y vivencias que nos han moldeado. De él aprendemos lecciones y encontramos inspiración en las historias de nuestros antepasados. Es un recordatorio de dónde hemos estado y nos ayuda a comprender hacia dónde queremos ir. Honrar nuestro pasado nos guía para vivir con propósito en el presente y crear un legado significativo para el futuro. Cada paso que damos hoy se convierte en parte de nuestra historia, y es en esta unión entre el pasado y el presente donde encontramos el significado de nuestra vida.

## *Palabras castellanas que reflejan la belleza del tiempo transcurrido*

**REMEMBRANZA**
Imagen o conjunto de imágenes de hechos o situaciones pasados que quedan en la mente.

**NOSTALGIA**
Sentimiento de añoranza o melancolía por momentos o lugares del pasado.

**ÉPOCA**
Período de tiempo pasado que se distingue por características particulares.

**ABOLENGO**
Origen o linaje ilustre y noble de una familia, que se remonta a varias generaciones.

**ANTEDILUVIANO**
Muy antiguo o que se remonta a tiempos remotos. Antes del Diluvio universal.

**ANTIQUÍSIMO**
Muy antiguo, de una época remota en el pasado.

**APOLILLADO**
Rancio, anticuado, desactualizado.

**DECRÉPITO**
Que está muy viejo, débil o desgastado debido a la edad.

**DESVENCIJADO**
Dicho de un objeto: que está en mal estado o descompuesto debido a su antigüedad o uso.

**ENMOHECER**
Quedar inutilizable una cosa material o inmaterial por haberse dejado de usar durante mucho tiempo.

**OBSOLESCENCIA**
Estado de estar desactualizado, fuera de uso o anticuado debido al avance de la tecnología o cambios en la sociedad.

**VETUSTO**
Muy antiguo o anciano.

## *Sentimientos relacionados con el pasado*

Cuando pensamos en momentos pasados a menudo nos sentimos nostálgicos, melancólicos o incluso felices. Pueden hacernos extrañar lo que solía ser o lamentar cosas que no hicimos. Pero también nos pueden hacer sentir agradecidos por lo que aprendimos. Reflexionar sobre el pasado nos ayuda a entendernos mejor y a procesar nuestras vivencias pasadas.

**ANEMOIA**

Es una sensación de nostalgia o añoranza por una época en la que no se vivió personalmente. Es como sentirse vinculado emocionalmente con un pasado que no fue vivido, pero que se siente cercano. Detona a través de historias, películas, música u otros medios que hacen imaginar cómo habría sido vivir en ese momento. Fue apuntada por John Koenig en *The Dictionary of Obscure Sorrows*; se construye del griego antiguo *ánemos* (viento) y *nóos* (mente).

**DUSTSCEAWUNG** (inglés)

Se traduce como «contemplación del polvo». Denota la contemplación de los restos físicos del pasado.

**SEHNSUCHT** (alemán)

Sentimiento profundo de anhelo, un modo de nostalgia por algo que puede ser inalcanzable o difícil de describir. Puede ser una nostalgia por lugares lejanos, por vivencias pasadas, o incluso por situaciones que aún no han ocurrido. Evoca una sensación de deseo y anhelo intenso que puede ser tanto placentero como doloroso.

**HEIMWEH** (alemán)

Nostalgia o añoranza por el hogar. Es la sensación de extrañar el lugar donde uno se siente más cómodo y seguro, y puede estar enlazado a recuerdos y emociones relacionadas con el pasado en ese lugar.

**MORRIÑA** (gallego)
Es un sentimiento de melancolía y nostalgia por la tierra natal o lugares familiares. Es como extrañar o sentir un fuerte apego emocional hacia los lugares que están vinculados a recuerdos y momentos significativas del pasado.

**HIRAETH** (galés)
Profunda y nostálgica añoranza por el hogar o un sentido de pertenencia que puede que ya no exista o esté lejos. Es una mezcla de nostalgia, anhelo y una sensación de deseo por un lugar o tiempo del pasado, a menudo con una sensación de dulce melancolía. Es más que simplemente extrañar un lugar; involucra una instancia emocional y espiritual con las raíces, la cultura y los recuerdos propios.

**FURUSATO** (japonés)
Lugar de origen o donde uno se siente en casa y perteneciente.

**HREPENENJE** (esloveno)
Nostalgia por algo que aún no ha sucedido.

*Reflexión y crecimiento personal*

Pensar en lo que vivimos nos ayuda a aprender y crecer. Pero también es importante soltar lo pasado que nos hace sentir mal, errores o acciones que lamentamos. Dejar eso atrás significa que podemos mirar hacia el presente y el futuro.

**STRUGGIMENTO** (italiano)
Sensación de dolor emocional, anhelo o sufrimiento causado por la separación o la pérdida.

**KLEXOS**
Descrita por John Koenig en *The Dictionary of Obscure Sorrows*, es el arte de vivir el pasado más allá de la nostalgia o el arrepentimiento.

## TIZITA:
## melodías del pasado

*Tizita* es un término que proviene del idioma amárico, hablado en Etiopía y Eritrea. Representa un género musical etíope que evoca emociones nostálgicas. Es un estilo musical que transmite sentimientos de tristeza, añoranza y reflexión sobre recuerdos y vivencias pasadas.

En la música *tizita*, se utilizan instrumentos tradicionales etíopes como el *krar* (un tipo de arpa), el *masenqo* (violín de una cuerda) y la *washint* (flauta de bambú).

## SANKOFA:
## el tesoro del pasado para construir el futuro

*Sankofa* es un concepto originario de la cultura *akan* en África Occidental, especialmente de Ghana. Se representa mediante un símbolo que muestra un pájaro que mira hacia atrás mientras avanza hacia adelante con un huevo en su boca. Este símbolo y palabra transmiten un mensaje: «recuperar lo que se ha perdido» o «volver al pasado para obtener sabiduría y avanzar hacia el futuro».

En esencia, *sankofa* nos enseña a aprender de nuestra historia y para aplicar esa sabiduría en el presente y el futuro. Nos recuerda nuestras raíces, tradiciones y la valiosa cultura transmitida por generaciones anteriores. Al aprender de los aciertos y errores del pasado, podemos construir un futuro más sólido.

## TOPOFILIA:
## el vínculo geográfico

*Topofilia* es un término que proviene del griego *topos* (lugar) y *philia* (amor). Fue acuñado por Yi-Fu Tuan en la década de 1970 para describir el apego emocional y afectivo por un lugar o espacio específico.

La *topofilia* supone una relación profunda y emocional con un entorno geográfico o cultural. Se manifiesta en sentimientos de pertenencia, familiaridad, identidad y arraigo, así como en el placer y satisfacción al estar en el lugar querido. Este lazo emocional puede estar influenciado por la historia, las vivencias, los vínculos sociales y las tradiciones relacionadas con el lugar.

### NATSUKASHII: la nostalgia feliz

*Natsukashii* es una hermosa palabra japonesa para cuando algo evoca un recuerdo feliz del pasado, aquellos que son agradables y queridos en la memoria.

Cuando algo es *natsukashii*, se puede estar recordando con cariño la infancia, amistades cercanas o lugares que tienen un significado sentimental. Esta palabra indica la capacidad de los recuerdos para evocar emociones.

### RETROFILIA: el encanto del pasado

La *retrofilia* es un término que se utiliza para describir una fuerte inclinación o gusto por cosas, estilos, estéticas y elementos del pasado. Es una forma de nostalgia o aprecio por épocas lejanas y sus respectivas culturas, modas, músicas, tecnologías, artes y otros aspectos relacionados.

Las personas con *retrofilia* disfrutan coleccionando objetos antiguos y adoptando estilos pasados. Puede expresarse a través de la música *vintage*, la decoración retro, la moda de otras épocas y prácticas que recuerdan tiempos que ya fueron.

La *retrofilia* no se limita a una sola época o cultura, sino que abarca una variedad de estilos del pasado. Es una forma personal y artística de vincularse a la historia.

**SAUDADE:**
**un sentimiento profundo de añoranza**

*Saudade* es una palabra portuguesa que denota una emoción intensa y compleja, difícil de traducir a otros idiomas. Es un sentimiento de nostalgia, añoranza o melancolía hacia algo o alguien ausente o perdido. La *saudade* evoca una mezcla de emociones, como tristeza, anhelo o vacío, pero también puede tener un matiz de belleza por los recuerdos del pasado. Es una emoción arraigada en la cultura portuguesa y brasileña que se expresa en la música, la poesía y otras formas de arte. Puede estar relacionada con la pérdida de seres queridos, la distancia física o emocional de personas, lugares o tan solo un anhelo por momentos ya transcurridos.

**AWUMBUK:**
**la persistencia de la amistad a través del tiempo**

Esta emoción es similar a nuestro sentimiento de nostalgia, pero es más específica porque los indígenas de Papúa Nueva Guinea la usan para representar el vacío que experimentamos cuando se va una persona que nos visita. En ese momento, la casa se queda vacía y nos sentimos solos. Para llenar este vacío, el pueblo *baining* de Papúa Nueva Guinea realiza un ritual único: cuando la gente se va, llenan sus cuencos con agua para absorber la energía negativa. Al día siguiente, todas las emociones negativas se dejan de lado y la vida continúa.

**En busca del pasado ideal:**
**DECLINISMO O RETROSPECCIÓN IDÍLICA**

El *declinismo* o *retrospección idílica* es la creencia de que el pasado fue mucho mejor que el presente. Se ve el pasado con nostalgia y se recuerda como tiempos más sencillos y positivos, se ignoran los problemas comunes a cada tiempo. Es una forma de ver el pasado de manera idealizada y romántica, pero no siempre refleja con precisión la realidad histórica o actual.

## ECMNESIA:
### cuando los recuerdos se desvanecen

La *ecmnesia* es un término psicológico que se refiere a una alteración o trastorno de la memoria. Es una amnesia parcial o total de eventos y experiencias. En otras palabras, es la pérdida temporal o permanente de la capacidad para recordar ciertos episodios de la vida.

Esta condición puede deberse a diversas causas o situaciones. La *ecmnesia* puede afectar recuerdos específicos, periodos de tiempo o incluso toda la memoria autobiográfica de una persona.

## CRONOFOBIA:
### el miedo al paso del tiempo

La *cronofobia* es el miedo o la ansiedad respecto al paso del tiempo y el envejecimiento. Es la preocupación por el futuro y el hecho de hacernos mayores. Esta fobia puede estar relacionada con el temor a perder la juventud, la salud o la vitalidad, así como el miedo a la muerte o a los cambios que vienen con el paso de los años.

## *Narración y tiempo*

**EPOCH** (inglés)
Periodo de tiempo distintivo o significativo en la historia o desarrollo de algo.

**PROLEPSIS** (griego)
Recurso narrativo que influye en el tiempo de la novela y consiste en dar un salto temporal hacia delante para después volver al presente.

**ANACRONÍA** (griego)
Alteración del orden cronológico de los sucesos en un relato. La anacronía puede ser un movimiento hacia adelante o hacia atrás en el tiempo.

**REMINISCENCIA**
Venir a la memoria lo que está lejano en el tiempo o casi olvidado.

## *Volver a ser niño*

Perder la inocencia de la niñez y enfrentarse a las responsabilidades de la edad adulta puede ser abrumador y, en ocasiones, desgarrador. A medida que crecemos, podemos sentir la presión de las expectativas y las cargas que se vienen, lo que a menudo nos hace añorar la simplicidad y la felicidad de la niñez.

### GERASCOFOBIA

Temor intenso o aversión hacia el proceso de envejecer y asumir las responsabilidades y roles propios de la adultez. Las personas que experimentan esta fobia pueden sentir ansiedad ante la idea de enfrentar situaciones típicas de la vida adulta o los cambios físicos y emocionales que llegan con el envejecimiento.

### SÍNDROME DE PETER PAN

Patrón de comportamiento en el cual un adulto evita o se resiste a asumir las responsabilidades y roles de la vida adulta. Esta categoría se inspira en el personaje ficticio de Peter Pan, de la obra de J. M. Barrie, un niño que nunca crece y vive en el País de Nunca Jamás, donde no hay adultos.

# SI HOY NECESITAS CALMA

En el mundo agitado de hoy, necesitamos calma y relajación más que nunca. El estrés y la ansiedad son comunes, y es vital cuidar nuestra salud mental y emocional. Tomarse un tiempo para desconectar y relajarse nos ayuda a equilibrarnos y sentirnos mejor. Priorizar nuestra paz interior nos hace más fuertes y nos permite disfrutar la vida al máximo.

*Palabras bonitas en castellano relacionadas con la calma*

**SERENIDAD**
Cualidad del que es o se muestra tranquilo.

**PLÁCIDO**
En paz y sin perturbaciones.

**APACIBLE**
Que transmite una sensación de calma.

**SOSEGADO**
En estado de reposo y descanso.

**AQUIETAR**
Acción de apaciguar.

## *Encontrar el equilibrio*

Cuando nos sentimos estresados buscamos momentos de tranquilidad para tomar decisiones con la mente más clara. Practicar la meditación, estar en contacto con la naturaleza y cuidarnos a nosotros mismos nos ayuda a encontrar sosiego. Cuando estamos en calma, enfrentamos los desafíos de la vida con más serenidad y nos sentimos más a gusto con nosotros mismos. La calma nos da fuerza y equilibrio.

**LAGOM** (sueco)
Búsqueda del equilibrio y moderación en todas las áreas de la vida. Evita tanto el exceso como la falta.

**ECUÁNIME**
Persona que muestra una actitud equilibrada y serena frente a las situaciones, sin dejarse llevar por emociones extremas.

**IMPERTÉRRITO**
Quien permanece impasible y tranquilo en medio de las dificultades y desafíos, sin mostrar perturbación emocional.

**UPEKṢĀ** (sánscrito)
Capacidad de mantener la calma y la serenidad frente a las circunstancias de la vida, sin dejarse llevar por el apego emocional o el rechazo.

## *Distintas maneras de llegar a la calma*

La manera en que las culturas ven y buscan la calma en el día a día puede variar. Algunas valoran la reflexión, mientras que otras la actividad constante para una mayor paz.

**PARSIMONIA**

Tendencia a vivir de manera sencilla y moderada. Evita el derroche o el consumo excesivo. Se trata de una actitud que valora la simplicidad y la economía en el estilo de vida, lo que puede conducir a una sensación de bienestar y equilibrio.

**FJAKA** (croata)

Estado de calma y relajación profunda. Se refiere a un estado sublime en el que el ser humano no aspira a nada.

**AILYAK** (búlgaro)

El arte de hacer todo despacio, sin prisas, mientras se disfruta el proceso.

### SEIJAKU:
### la quietud en la cultura japonesa

*Seijaku* es una palabra japonesa que significa «quietud». Es un término que representa un estado de paz y calma interior, y se utiliza para describir un momento o lugar donde reina la tranquilidad y la serenidad. Es afín a la idea de mantener un respetuoso silencio para permitir que los pensamientos y emociones encuentren su lugar en un ambiente tranquilo.

En la cultura japonesa, el *seijaku* es altamente valorado. Se busca en situaciones como la meditación, el arte del té, la contemplación de la naturaleza o para encontrar un momento de introspección y paz en medio de la vida cotidiana.

### STRESSLAXING:
### cuando relajarse se convierte en estrés

*Stresslaxing* es un término que combina las palabras *stress* (estrés) y *relaxing* (relajación). Describe una situación en la cual intentar relajarse o tomarse un tiempo para descansar provoca sentimientos de estrés o ansiedad en lugar de proporcionar alivio.

Esta paradoja puede ocurrir cuando las personas se sienten presionadas por altos niveles de estrés en su vida cotidiana y, al intentar relajarse, pueden sentirse culpables por tomarse un tiempo para sí mismas o preocuparse por no estar siendo productivas.

### ESTOICISMO:
### serenidad ante las adversidades

«Ser estoico» proviene de una antigua filosofía llamada estoicismo. Esta enseña a mantener la calma y la tranquilidad frente a los problemas de la vida.

Los estoicos creen en vivir en armonía con la naturaleza y aceptar lo que no podemos cambiar, ya que abogan por la disciplina personal, la virtud y la racionalidad para encontrar paz interior. Para ellos, el sufrimiento surge de cómo reaccionamos emocionalmente ante lo que nos sucede. Si aceptamos lo que no podemos cambiar y controlamos nuestras reacciones, podemos mantenernos serenos incluso en momentos difíciles.

La filosofía estoica nos anima a desarrollar autocontrol y fortaleza para enfrentar los problemas con calma y equilibrio. En lugar de dejarnos llevar por emociones y preocupaciones, aprendemos a mantenernos tranquilos, reconociendo que solo podemos controlar cómo respondemos a lo que sucede en nuestra vida.

### ŚAMATHA:
### meditación para alcanzar la calma mental

*Śamatha* es un término sánscrito que se utiliza en la filosofía budista y en las prácticas de meditación. Se refiere a una técnica de meditación que tiene como objetivo desarrollar la concentración y la calma mental.

El objetivo de la meditación *śamatha* es tranquilizar la mente y alcanzar un estado de serenidad. Los practicantes se enfocan en un objeto de meditación y procuran mantener la atención en él sin distracciones. Se busca calmar el estado emocional y reducir los pensamientos y emociones negativas.

### EUNOIA:
### la belleza de los pensamientos

*Eunoia* es un término griego que describe un estado mental armónico y en equilibrio. Esta palabra se compone de *eu* (bien) y *noia* (pensamiento).

En general, *eunoia* se refiere a una mente con una actitud positiva y receptiva hacia la vida. Supone apreciar la belleza del mundo y mantener una perspectiva optimista hacia los demás. También se relaciona con una disposición mental abierta a nuevas ideas, mostrando amabilidad hacia los demás. Es un estado mental que fomenta una mayor comprensión con uno mismo y con los otros.

## *Lugares de paz y tranquilidad*

Los lugares de paz y tranquilidad son como oasis de calma en nuestro mundo ajetreado. Estos nos permiten relajarnos, alejarnos del estrés y encontrar la serenidad.

**SMULTROSTÄLLE** (sueco)
Significa «lugar de las fresas», refiriéndose a un sitio especial y secreto donde uno puede experimentar una sensación de paz y conexión con la naturaleza. Es un rincón íntimo y tranquilo donde podemos relajarnos y encontrar sosiego.

**GEMÜTLICHKEIT** (alemán)
Engloba una sensación de comodidad, tranquilidad y bienestar. Está relacionado con un ambiente acogedor y relajado, donde uno se siente a gusto y protegido. Es una palabra que transmite la sensación de estar en un lugar cálido y acogedor, lo que nos permite disfrutar de momentos de paz y descanso.

**ZANSHIN:**
**la alerta relajada**

*Zanshin* es un término japonés que se emplea para expresar un estado de constante conciencia y atención plena. Se refiere a la concentración mental y a la presencia consciente que se espera de una persona antes, durante y después de realizar una técnica o un movimiento en el contexto de las prácticas marciales.

*Zanshin* exige estar alerta, preparado para reaccionar ante cualquier situación en cualquier momento. No se limita a las artes marciales, sino que también puede aplicarse en la vida diaria, estar atento y a disposición para afrontar los desafíos y sorpresas que puedan surgir.

## *Situaciones contrarias a la calma*

A lo largo de nuestra vida nos encontramos en circunstancias y estados que nos alejan de la tranquilidad. Discusiones, imprudencias o situaciones caóticas, estos momentos pueden afectar cómo nos sentimos, pero también nos dan la oportunidad de crecer y aprender a manejarlos mejor.

**VORÁGINE**
Estado de confusión, desorden o caos, en un sentido emocional o mental.

**BARAHÚNDA**
Caos intenso, por lo general, causados por un grupo de personas hablando o moviéndose al mismo tiempo.

**TRAPISONDA**
Jaleo o riña en la que las personas gritan y hay alboroto.

**PIBLOKTO** (inuit)
También denominado como histeria ártica, describe un tipo de histeria que provoca actos salvajes y peligrosos, seguidos de amnesia del evento.

**CACOETHES** (griego)
El deseo irresistible de hacer algo imprudente.

**VORFÜHREFFEKT** (alemán)
Se refiere a algo que solía funcionar correctamente y de repente da problemas cuando hay público presente.

**ACMÉ** (griego)

Punto más alto o culminante de una tensión, situación o discurso. También puede referirse al periodo de máxima intensidad de una enfermedad.

**BARRUNTAR**

Tener la sensación de que algo va a suceder, por lo general, negativo, sin tener pruebas concretas que lo respalden.

## SOFROLOGÍA:
## relajación y bienestar para la vida diaria

La sofrología es una técnica para relajarse y sentirse mejor en la vida diaria. Usa relajación, meditación y pensamientos positivos. Tiene como objetivo ayudar a entender tu cuerpo, emociones y pensamientos. Es como aprender a manejar mejor tus estados mentales y físicos.

Incluye ejercicios para relajar músculos, respirar conscientemente y pensar en cosas buenas. Su práctica puede ayudar a enfrentar mejor el estrés diario, concentrarte más, aliviar la tensión o calmar la mente.

## HAKUNA MATATA:
## una filosofía de vida sin preocupaciones

*Hakuna matata* es una expresión swahili, el idioma que se habla en los países del este de África (sobre todo en Kenia y en Tanzania) que significa «no hay problema» o «no hay preocupación». La popularizó la película animada de Disney, *El rey león*.

*Hakuna matata* significa abrazar el presente y fluir con la vida. Adoptar este enfoque se traduce en una vida de mayor simplicidad, que lleva a revaluar tus valores y necesidades, y redefine lo que realmente tiene importancia.

*¿Cómo se puede lograr?*

- Reflexiona sobre tus necesidades y prioridades genuinas, aquellas que te brindan bienestar y felicidad.
- Asigna un valor del 1 al 10 a cualquier problema que enfrentes.
- Analiza el verdadero impacto de ese obstáculo en tu vida.

*Hakuna matata, vive y deja vivir.*
*Hakuna matata, vive y sé feliz.*
*Ningún problema debe hacerte sufrir.*
*Lo más fácil es saber decir Hakuna matata.*

# SI HOY NECESITAS ESTAR CON LOS TUYOS

Estar con los seres queridos se convierte en un anhelo esencial que nutre nuestra alma. Su compañía nos da fuerza, alegría y apoyo. Estar cerca de ellos nos hace sentir amados y comprendidos. Nos recuerda que no estamos solos y nos da un sentido de pertenencia. En la unión con nuestros seres queridos, encontramos consuelo y un espacio seguro para ser nosotros mismos. Su presencia nos enseña el valor del amor y la lealtad en nuestras relaciones. Juntos, enfrentamos los desafíos y celebramos los momentos felices de la vida.

## OHANA:
## un vínculo que trasciende los lazos familiares

*Ohana* es una palabra hawaiana que significa «familia». Sin embargo, su significado va más allá de los lazos de sangre, es una vinculación honda, espiritual entre las personas. Para los hawaianos, *ohana* abarca una familia extendida que también incluye amigos cercanos y aquellos a los que apreciamos.

Esta filosofía destaca la importancia de la unión, cooperación y apoyo mutuo entre los miembros de la *ohana*, lo que crea una fuerte sensación de comunidad y pertenencia. Además, en la cultura hawaiana, *ohana* está relacionada con la tierra y la naturaleza, fundamentales para la identidad de la familia y transmitir tradiciones.

## NAKAMA:
## la fuerza de la amistad en la cultura japonesa

*Nakama* es una palabra japonesa que describe a un grupo de amigos o compañeros cercanos con una conexión y confianza sólida. Es similar a una familia elegida y señala una amistad viva. En la cultura japonesa es un concepto valorado, especialmente en situaciones de trabajo en equipo o aventuras, donde es importante apoyo y colaboración. En historias de anime y manga, los personajes principales a menudo forman lazos fuertes como *nakamas* mientras enfrentan desafíos juntos, son lazos emocionales que se forjan en las relaciones de amistad cercanas y duraderas.

## ANAM ĊARA:
## la amistad en la sabiduría celta

*Anam Ċara* es una expresión gaélica que se deriva de las palabras irlandesas *Anam* (alma) y *Ċara* (amigo). En el mundo celta, esta hermosa noción define un tipo de amistad significativa en la cual se puede abrir el corazón y revelar todas las intimidades de la vida. Es un concepto arraigado y reconocido en la cultura celta.

Cuando alguien tiene un *anam cara*, la amistad va más allá de las normas sociales. Es como un «alma gemela» con la que uno está vinculado espiritualmente y para siempre. En este tipo de amistad se comparten pensamientos, emociones y experiencias más profundas que nutren el crecimiento espiritual de ambos.

El término *anam ċara* fue popularizado por el autor, filósofo y sacerdote irlandés, John O' Donohue, en su libro titulado *Anam Ċara: The Book of Celtic Wisdom*. En esta obra se explora el poder y significado de la amistad del *anam cara*. Su enfoque va más allá del mero concepto de amistad común y corriente. Nos invita a comprender la complejidad y el valor de esta relación espiritual única.

## *Tipos de amistad según Aristóteles*

### AMISTAD BASADA EN LA UTILIDAD

Es una amistad que se forma cuando dos personas están juntas para beneficiarse mutuamente. La relación se basa en la conveniencia y lo que cada uno puede esperar del otro.

### AMISTAD BASADA EN EL PLACER

Ocurre cuando dos personas disfrutan de la compañía del otro y se divierten juntas. La relación se basa en compartir un interés o actividad común.

### AMISTAD BASADA EN LA VIRTUD

Según Aristóteles, esta es la forma más alta e importante de amistad. La relación se desarrolla cuando dos personas se admiran y respetan las virtudes y cualidades del otro. Las amistades basadas en la virtud son duraderas y se sostienen en el bienestar y crecimiento mutuo. Aristóteles considera que la amistad en la virtud es la más valiosa y deseable.

## *Diversas formas de relaciones afectivas*

Las relaciones afectivas son muy importantes. Diferentes culturas han creado palabras especiales para nombrar distintos lazos emocionales. Desde amistades cercanas en Japón hasta reencuentros emocionantes en Francia revelan lo complejas y valiosas que son las interrelaciones.

**SHINYUU** (japonés)
Amistad cercana o vínculo intenso entre dos personas. Es una relación afectiva basada en la confianza, el respeto y la lealtad. En japonés, *shin* (corazón) y *yuu* (amigo), por lo que la palabra denota una vinculación emocional profunda entre amigos.

**LAOTONG** (chino)
Relación especial y honda entre dos mujeres. Tradicionalmente, las mujeres chinas podían formar una relación *laotong* desde una edad temprana, se convertían en hermanas del corazón y se prometían apoyo y amistad inquebrantables.

**WHANAU** (maorí)
Se traduce como «familia». Sin embargo, su significado trasciende la idea convencional basada en lazos de sangre, para abarcar la familia que construyes desde vínculos emocionales.

**AGARIMO** (gallego)
Sentimiento de amistad y ternura.

**RETROUVAILLES** (francés)
El feliz reencuentro con un ser querido después de un tiempo de separación o distancia. Indica una reunión emocionalmente significativa y especial con quien se tiene un vínculo afectivo.

**COMPADRE**

Relación de amistad y confianza entre amigos o compañeros. Originalmente se refiere al padrino de un niño en un bautizo, pero en ciertos contextos se ha ampliado para significar una amistad cercana y respetuosa.

**PIETAS** (latín)

Denota una forma de afecto y lealtad, especialmente en el contexto de la familia. Puede traducirse como «lealtad» o «piedad». En la antigua Roma, *pietas* también se refería al sentido de deber y respeto hacia los padres y la patria.

**DIBOKO** (sesotho)

Nombre de clanes o familia. Subraya la importancia de la herencia y las raíces ancestrales.

## *Cuidado y protección*

**ALA RASI** (árabe)

Se traduce como «por encima de mi cabeza», dicho antiguo usado para pedir un favor. Responder *ala rasi* supone que harías cualquier cosa por la persona que pide ayuda, y como respuesta rápida, se la brindarías.

**MELMASTIA** (pastún)

Hospitalidad y cuidado hacia los huéspedes y extraños. Es el acto de recibir a otros con amabilidad y consideración, brindándoles un ambiente seguro y acogedor.

**GEBORGENHEIT** (alemán)

Sensación de seguridad, protección y tranquilidad emocional. Se refiere a la comodidad y refugio que se siente al estar en un lugar seguro y rodeado de personas en las que se confía.

**CĂLDURĂ SUFLETEASCĂ** (rumano)

Es una expresión que se traduce como «calidez del alma». Describe el acto de mostrar compasión, apoyo y afecto hacia los demás, dando una sensación de seguridad emocional y bienestar.

**NĂDEJDE** (rumano)

Se expresa cuando confías en alguien y tienes esperanza en esa persona, en quien puedes apoyarte.

**XENIA** (griego)

Práctica de la hospitalidad y respeto hacia los extraños o invitados. Es un concepto clave en la cultura griega y se consideraba un deber sagrado mostrar generosidad y amabilidad hacia los visitantes, sin importar su origen o estatus social.

**ĐỠ ĐẦN** (vietnamita)
Gesto de amabilidad que tiene como objetivo simplificar o aliviar la vida de otras personas. Se usa en específico cuando se brinda ayuda a miembros de la familia.

**SERITI** (sesotho)
Concepto espiritual que representa la dignidad, el respeto y la fuerza vital de una persona, que refleja su esencia, influencia e impacto que tiene en la comunidad.

*Expresiones de amor y cariño*

**SOULMATE** (inglés)
Una persona con quien se siente una unión significativa en todos los niveles, como si fueran almas gemelas. Es alguien con quien se comparte una afinidad especial y una comprensión mutua total.

**TI VOGLIO BENE** (italiano)
*Ti voglio bene* es una expresión italiana que significa «Te quiero» o «Te aprecio». Expresa cariño y afecto hacia un ser querido, como un amigo, un miembro de la familia o la pareja, aunque su significado no sea tan intenso como el «Te amo» en italiano.

**ISHINDENSHIN** (japonés)
Comunicación telepática o la capacidad de comprender los pensamientos y sentimientos de otra persona sin la necesidad de palabras.

**TSAVT TANEM** (armenio)
Significa «déjame aliviar tu dolor» y se utiliza para mostrar al hablante como alguien interesado y preocupado por quien sufre.

**APERICENA** (italiano)
Es un neologismo que combina las palabras *aperitivo* y *cena*. Señala la práctica reciente de quedar con amigos para compartir una comida más ligera que reemplaza la cena, pero que incluye una variedad de aperitivos y platos pequeños. Esta tendencia busca un ambiente menos formal, ahorra tiempo y dinero y proporciona una oportunidad para socializar de manera relajada.

**ZASTOLIE** (ruso)
Proceso de sentarse a la mesa con amigos, compartir alimentos y bebidas, y conversar en un ambiente festivo y agradable. Una reunión amistosa y social, donde la comida y la conversación fluyen en un ambiente acogedor.

**PERTU** (húngaro)
Ritual de bebida o vínculo que establece o mantiene la amistad. Es una tradición o práctica social en la que las personas se reúnen para compartir bebidas y fortalecer los lazos de amistad. Durante el *pertu*, los participantes pueden brindar, compartir historias, conversar y reforzar sus relaciones personales.

## KALYANA MITRATA:
## la amistad en el budismo

*Kalyana mitrata*, es un término sánscrito que se refiere a la amistad o compañerismo virtuoso. En el contexto budista describe una relación de amistad fundada en valores y virtudes compartidas.

En el budismo, se considera una parte importante del camino espiritual, ya que enfatiza la importancia de rodearse de personas que compartan los mismos valores y cuyas interacciones mutuas fomentan la búsqueda del camino hacia la liberación del sufrimiento, el *nirvana*.

## AMAE:
## la dependencia emocional japonesa

*Amae* es un término japonés que se refiere al deseo de ser cuidado o querido, así como de mostrar dependencia en las relaciones con los demás. Se considera que este comportamiento es una forma de intimidad y cercanía en las relaciones. En la cultura japonesa mostrar *amae* puede fortalecer los lazos emocionales, crear un ambiente de confianza y cuidado mutuo.

El *amae* es, por tanto, una «dependencia permisiva» que se entiende mejor cuando vemos la relación entre padres e hijos. El niño vive el *amae* como un sentimiento de dependencia o un deseo de ser querido. Esta dinámica también puede manifestarse en relaciones adultas, mostrar *amae* al buscar consuelo o en la pareja o en un amigo cercano.

En la cultura japonesa el *amae* es un concepto que se valora en ciertos contextos, ya que se considera que fortalece los afectos y crea unos lazos íntimos entre las personas, siempre encontrando un punto medio saludable donde se manifieste de manera adecuada.

# SI HOY NECESITAS DISFRUTAR

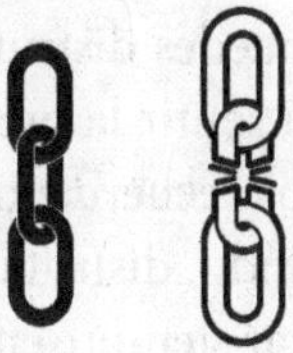

Entre las ocupaciones de la vida y los desafíos, a veces olvidamos lo importante que es disfrutar de los momentos simples y felices. Tomarse un tiempo para relajarse, pasarlo con amigos y familiares, y disfrutar de las pequeñas cosas nos ayuda a sentirnos más felices y a vivir una vida más plena.

## DOLCE FAR NIENTE: el arte de no hacer nada

*Dolce far niente* es una expresión italiana que se traduce como «el dulce arte de no hacer nada». Son esos momentos en los que te permites relajarte, sin preocuparte por tareas o responsabilidades. Es como saborear la paz y tranquilidad sin ataduras, donde puedes disfrutar de estar contigo mismo o con amigos, sin sentir la presión de las ocupaciones.

Esta expresión nos recuerda lo valioso que es tomar un respiro de vez en cuando, disfrutar de la belleza de la vida sin la necesidad de estar siempre en movimiento. Nos invita a encontrar placer en pequeñas cosas, como un paseo tranquilo, una conversación relajada u observar a tu alrededor. Es como un regalo que te das a ti mismo, una pausa del ajetreo y el estrés, recargas energías y encuentras felicidad en la simplicidad.

## ICHIGO-ICHIE: apreciar cada momento

*Ichigo-ichie* es una expresión japonesa que se traduce literalmente como «un momento» o «una oportunidad». Se relaciona con la apreciación del presente y la importancia de valorar los encuentros únicos.

Es una expresión que proviene de la ceremonia del té japonesa, en ella se enfatiza la idea de que cada encuentro es irrepetible y valioso. La filosofía detrás de *ichigo-ichie* nos anima a ser conscientes de la belleza efímera de la vida y a estar presentes en el aquí y ahora.

## CARPE DIEM: vivir el hoy

*Carpe diem* es una locución latina que se traduce como «aprovecha el día» o «aprovecha el momento». Esta expresión proviene de un poema del poeta romano Horacio y ha sido ampliamente citada y referenciada en la literatura y la cultura popular. Propone la idea de aprovechar el presente, vivir el momento y disfrutar de la vida sin preocuparse en exceso por el futuro. Anima a las personas a disfrutar y apreciar cada día y cada oportunidad que se les presente, en lugar de postergar la felicidad o las experiencias positivas.

## *El disfrute en diferentes culturas*

**BON VIVANT** (francés)
Un *bon vivant* es una persona que disfruta de la vida con gran entusiasmo y placer. La gastronomía y las actividades sociales le llenan de placeres, es un estilo de vida.

**SOLARFRÍ** (islandés)
Es la costumbre de tomar un descanso del trabajo para disfrutar del sol, en especial, durante los meses de verano. La palabra combina *solar* (sol) y *frí* (descanso o asueto).

**GEZELLIG** (neerlandés)
Sensación de acogedora comodidad y ambiente agradable que se experimenta en compañía de amigos o seres queridos. Puede estar relacionado con momentos de calidez, convivencia y disfrute compartido.

**JOUISSANCE** (francés)
Experiencia de disfrute intenso, físico o intelectual.

**MYSA** (sueco)
Acción de relajarse y disfrutar de momentos de tranquilidad y comodidad. Es un concepto que resalta la importancia de cuidar de uno mismo y encontrar momentos de placer y bienestar en la cotidianidad.

**LIVSNJUTARE** (sueco)
Alguien que disfruta intensamente de la vida y busca sacar el máximo provecho de cada momento. Es una persona que valora activamente el placer y la felicidad.

**LUBOVATSYA** (ruso)
El acto de deleitarse o experimentar placer en algo, de disfrutar el proceso de mirar lo hermoso.

**MERAK** (serbio)
La sensación de disfrutar y apreciar las pequeñas cosas de la vida, aquellas que aportan placer y felicidad.

**UKIYO** (japonés)
Significa «el mundo flotante». Se refiere a olvidarse de las preocupaciones de la vida y disfrutar del tiempo presente y valorar la fugacidad del mundo.

## *Encuentros con el goce*

**JIJIVISHA** (hindi)
El deseo de vivir y experimentar la vida con pasión y entusiasmo. Es la búsqueda activa de la plenitud y la realización personal a través de la exploración, el aprendizaje y la cercanía con el mundo que nos rodea.

**NJUTA** (sueco)
Disfrutar de algo saboreando y apreciando cada momento. Va más allá de la simple satisfacción y se relaciona con deleitarse en las pequeñas alegrías de la vida, la naturaleza y las vivencias.

**GLUGGAVEÐUR** (islandés)
Se traduce como «clima de ventana» y se refiere al tipo de clima que es agradable para contemplar desde el interior de una casa, a través de la ventana. Es una experiencia acogedora y placentera observar la naturaleza desde un entorno protegido y cómodo.

**RAGAIRE** (irlandés)
Persona que disfruta deambulando a altas horas de la noche.

**BRABBAG** (manés)
El placer de calentarse la parte de atrás de las piernas junto al fuego.

**PUTUWA** (gadigal)
Calentarse las manos junto al fuego mientras se aprieta suavemente los dedos de otra persona.

## *Palabras noruegas que capturan el arte del disfrute*

Noruega, con su deslumbrante belleza natural, es un lugar que inspira a vivir intensamente. Desde los imponentes fiordos hasta las mágicas auroras boreales, este rincón nórdico brinda experiencias de disfrute que se fusionan con la naturaleza, la inmersión en su cultura y el calor de sus habitantes.

### KOSELIG

Sentido de comodidad, calidez e intimidad para describir algo que es acogedor, cómodo, cálido, íntimo y agradable en un sentido reconfortante.

### PEISKOS

Comodidad y placer de sentarse frente a una chimenea crepitante, disfrutar del calor y la atmósfera acogedora.

### UTEPILS

El primer trago de una bebida, como una cerveza, disfrutado al aire libre bajo el sol con amigos después de que el invierno haya terminado. Captura el sentimiento de alegría y celebración que acompaña al cambio de estación y la oportunidad de disfrutar del aire libre nuevamente.

### HYGGE:
### la felicidad en la simplicidad

*Hygge* es una palabra danesa que representa mucho más que una simple definición; se refiere a un modo de vida, a una filosofía que se centra en el disfrute de los momentos cotidianos y la creación de un ambiente acogedor. Es como envolverse en una manta suave en una noche fría o sumergirse en una conversación cálida con amigos en un rincón acogedor de tu hogar.

Se trata de encontrar placer en las pequeñas cosas, en esos detalles aparentemente insignificantes pero que aportan un profundo sentido de felicidad. Puede ser la luz suave de una vela, el aroma reconfortante de un pastel recién horneado o leer un libro junto a la ventana mientras llueve. La convivencia y las relaciones también son fundamentales en el *hygge*. Pasar tiempo con seres queridos, compartir comidas caseras o tener conversaciones sinceras son aspectos esenciales que caracterizan esta filosofía.

El *hygge* nos recuerda la importancia de detenernos y disfrutar del presente. Es un recordatorio de que la felicidad se encuentra en los momentos más sencillos.

### CRAIC:
### la diversión de la cultura gaélica

*Craic* es una palabra en irlandés y gaélico escocés que describe la diversión y el buen ambiente. Es común en Irlanda y en lugares de Escocia para referirse a la atmósfera amigable y alegre de eventos sociales, fiestas, reuniones en bares, conciertos, festivales y otras ocasiones en las que la gente se divierte y disfruta de la compañía de otros. *Craic* se ha vuelto emblemático en la cultura irlandesa y escocesa, y es una parte integral de la forma en que se relacionan y socializan.

**PRETOOGJES:**
**ojos de diversión**

*Pretoogjes* es una palabra en neerlandés que se traduce como «ojos divertidos». Se utiliza para describir los ojos centelleantes o brillantes de alguien que está involucrado en una travesura sin maldad o se encuentra en un estado de disfrute. Esta expresión captura la esencia de la diversión y la complicidad en la mirada de alguien que está participando en un divertimento.

## *El lenguaje de la fiesta*

Las fiestas son una forma emocionante de disfrutar la vida. En todo el mundo y desde siempre, las personas se reúnen para celebrar, compartir momentos especiales y disfrutar de la alegría juntas. Ya sea en festivales, eventos culturales o reuniones con amigos y familiares, las fiestas nos dan la oportunidad de divertirnos, olvidarnos de las preocupaciones y sumergirnos en la música, la danza y la diversión.

**AMANESQUERA**
Fiesta o reunión que se prolonga hasta el amanecer.

**JOLGORIO**
Celebración alegre y ruidosa.

**JARANA**
Reunión o celebración festiva en la que hay alegría, diversión y música.

**CACHARPAYA** (quechua)
Fiesta para despedir el Carnaval y, en ocasiones, al viajero.

**POPRAWINY** (polaco)
Pequeña fiesta o recepción que se celebra el día después de una boda, es usual hacerlo por la mañana.

**SOIRÉE** (francés)
Fiesta nocturna y culta, centrada en la música o la conversación.

**FRANCACHELA**
Reunión de varias personas para regalarse y divertirse comiendo y bebiendo, en general sin moderación y descomedidamente.

**MBUKI-MVUKI** (swahili)

Quitarte la ropa para bailar más libremente.

**GAUPASA** (vasco)

Se refiere a «trasnochar» o pasar la noche de fiesta y llegar a casa de madrugada.

**ROMJUL** (noruego)

Periodo entre la Navidad y el Año Nuevo, específicamente del 26 de diciembre al 31 de diciembre.

# SI HOY NECESITAS SENTIR PLACER

La necesidad de sentir placer es una realidad que a menudo pasa desapercibida en medio de las demandas y responsabilidades diarias. El placer no es un capricho, sino un componente esencial de nuestro bienestar. Experimentar placer no solo nos brinda momentos de alegría y satisfacción, sino que también juega un papel fundamental en nuestro equilibrio emocional. Encontrar tiempo para actividades que nos llenen de alegría y nos hagan sonreír no solo es un acto de autocuidado, sino una inversión en nuestra propia salud y felicidad.

**GUILTY PLEASURE:**
**los placeres prohibidos**

Traducido como «placer culpable», se refiere a algo que se disfruta, por lo general una forma de entretenimiento, pero que despierta una sensación de culpa o vergüenza porque podría considerarse socialmente inaceptable acorde a los propios principios. El sentimiento de culpa a menudo surge de una discrepancia entre el disfrute personal y las normas o expectativas sociales.

**QUALIA:**
**el placer subjetivo**

*Qualia* es un concepto que se refiere a las experiencias profundamente personales y subjetivas. Sensaciones y percepciones únicas que experimentamos, como el gusto de una fruta o el placer de ver un bonito atardecer. Cada vez que vemos un color, sentimos una textura o experimentamos una emoción, se da *qualia*.

Los *qualia* son tan íntimos y personales que resulta complicado definirlos plenamente. Aunque puedas usar palabras para describir el sabor, la textura y el placer que sientes, nunca podrás transmitir por completo la experiencia sensorial real.

**JOMO:**
**la tranquilidad de estar ausente**

JOMO, abreviatura de *Joy of Missing Out*, describe esa sensación de satisfacción que sentimos al optar por no participar en una actividad social o evento, en lugar de dejarnos llevar por la mayoría. Es el opuesto del FOMO (*Fear of Missing Out*), el miedo a perdernos algo emocionante o relevante.

Cuando experimentamos el JOMO, no nos sentimos presionados a unirnos solo porque los demás lo hacen. Es como saborear un sorbo de paz y autenticidad al elegir hacer lo que realmente deseamos. Podemos decidir no estar en una actividad que parezca emocionante o popular, sin sentir remordimientos.

## ANHEDONIA:
## pérdida de placer

La *anhedonia* es un término psicológico que señala la incapacidad de sentir placer o disfrutar de actividades y vivencias que normalmente serían gratificantes. Puede manifestarse tanto en la incapacidad de experimentar placer físico, como en la incapacidad de experimentar placer emocional.

*Anhedonia* proviene de la combinación de los términos griegos *an* (sin) y *hedone* (placer). El concepto moderno de anhedonia fue introducido en la psicología por el psiquiatra y neurólogo francés Ribot. Desde entonces, el término se ha utilizado en el campo de la psicología y la psiquiatría para clasificar una variedad de trastornos y condiciones en las que la capacidad de experimentar placer se ve afectada.

## *Palabras que despiertan placer*

Las palabras tienen un poder extraordinario para despertar placer. Deleitan nuestros sentidos describiendo situaciones cotidianas.

**FAHRVERGNÜGEN** (alemán)

Significa «placer de conducir» o «diversión al manejar». Satisfacción y disfrute que se obtienen al conducir un vehículo, especialmente cuando se experimenta una sensación de control con el automóvil y la carretera.

**KOPFKINO** (alemán)

Significa «cine mental». Se refiere a la actividad de imaginar o visualizar en la mente situaciones, escenarios o historias de una manera vívida y emocional. Puede ser una especie de película que se reproduce en la mente, es usual que esté relacionada con deseos, fantasías o reflexiones personales.

**EMBELESAR**

Significa «cautivar o fascinar» intensamente a alguien, a menudo a través de la belleza, el encanto o la gracia. Cuando algo o alguien nos embelesa, nos sentimos atraídos y maravillados por su presencia o cualidades, lo que puede generar una sensación de deleite y placer.

**GULA**

Un intenso deseo o apetito por el placer sensorial, especialmente en relación con la comida.

**APODYOPSIS**

Fenómeno que surge cuando ves a una persona y te la imaginas sin ropa. Desnudar con la mente.

**VOORPRET** (neerlandés)
Sensación de anticipación y emoción placentera que se experimenta antes de un evento o situación esperada. Sensación de anticipación placentera.

## *Viaje a través de las sensaciones placenteras*

En este viaje, vamos a explorar aquello que nos hacen sentir bien. Desde saborear lo que nos gusta hasta el placer de dejarnos caer en un sillón.

**RASASVADA** (sánscrito)
Significa «apreciación» o «percepción del placer». Describe la experiencia de saborear o disfrutar de algo con profunda satisfacción y deleite.

**GUÒ YǏN** (chino)
Satisfacción de un antojo o disfrute de una experiencia muy placentera. Describe la sensación de haber saciado un deseo y experimentar un gozo completo.

**PHILOCALIST** (inglés)
Persona que encuentra placer en la belleza y la bondad. Es alguien que aprecia y valora lo que es hermoso y positivo.

**WOHLWEH** (alemán)
Se traduce como «dolor placentero». Se refiere a la sensación paradójica de experimentar dolor o molestia de una manera que también produce placer o satisfacción. Es una sensación similar a la que se siente al rascarse una picadura de mosquito intensamente o al liberar la presión al quitarse unos zapatos ajustados.

**HYPPYTYYNYTYYDYTYS** (finés)
El placer de dejarse caer en un sillón.

## NESTING:
## el gusto de quedarse en casa

La palabra *nesting* proviene del término en inglés *nest*, que significa «nido». La afinidad con la idea de nido viene porque las aves crean un espacio acogedor y seguro para sus crías. El *nesting* supone crear un entorno similarmente confortable y agradable en el hogar. El término ha sido utilizado para describir este comportamiento humano de preparar y disfrutar de un espacio acogedor y protector, basándose en la idea de encontrar placer y refugio en la comodidad de nuestro propio hogar, como lo hacen las aves en sus nidos.

### *El principio de placer según Freud*

El «principio del placer» apuntado por Sigmund Freud se refiere a la gratificación de las necesidades humanas obteniendo placer y evitando el dolor. Freud dice que tenemos deseos que nos impulsan a buscar satisfacción inmediata.

Este deseo de sentirnos bien choca a veces con la realidad. No siempre podemos tener lo que queremos. Así que, según Freud, hay otro principio llamado «principio de realidad» que equilibra nuestras ganas con lo que es posible y correcto en el mundo real. Este conflicto entre querer sentir placer y enfrentar la realidad puede causar estrés. Cómo resolvamos este conflicto puede afectar la forma en que actuamos y nos sentimos.

**KĀMA:**
**el deseo en la filosofía hindú**

*Kāma* es un término en sánscrito que se refiere a diversos aspectos del deseo. En la filosofía y literatura hindú, *kāma* puede ser entendido en diferentes contextos:

**LUJURIA**
Puede representar el deseo sensual o anhelo apasionado, frecuentemente asociado con deseos físicos o sexuales.

**DESEO SENSUAL**
Está relacionado con la búsqueda de placer y gratificación a través de los sentidos, como el disfrute de la comida, la música, el arte y otras experiencias sensoriales.

**DESEO TRASCENDENTAL**
En algunos contextos espirituales y filosóficos, *kāma* también puede referirse a deseos superiores o trascendentes, como el anhelo de crecimiento espiritual, la unión con lo divino o la búsqueda de conocimiento y sabiduría elevados.

El *kāma* es un concepto importante en la mitología hindú, la poesía y la filosofía, ya que nos ayuda a entender mejor la complejidad de los deseos y la naturaleza humana.

**NIKSEN:**
**el placer de no hacer nada**

*Niksen* es un término neerlandés que traduce de manera aproximada como «hacer nada». Se refiere a participar de manera deliberada y consciente en actividades en las que hay escasa o ninguna acción con propósito o productividad. *Niksen* exige pausar las demandas persistentes del trabajo y las obligaciones diarias, brindándonos la posibilidad de estar en el presente sin otra meta que la de no realizar ninguna acción. Esta práctica puede relajarnos, disminuir el estrés y aumentar el bienestar mental al brindar la oportunidad de recargar energías.

# SI HOY NECESITAS SOÑAR DESPIERTO

Los sueños y la habilidad de soñar son importantes. Nos permiten explorar mundos imaginarios o inspirar la creatividad y ayudarnos a entendernos mejor. Aunque no sabemos todo sobre los sueños, está claro que desempeñan un papel fundamental en nuestra vida. Asimismo, están vinculados con el reloj biológico de nuestro cuerpo, y eso destaca la importancia de tener un buen equilibrio entre dormir y estar despiertos.

## *Los ritmos circadianos*

Los ritmos circadianos son como los patrones de nuestro cuerpo que siguen un reloj de unas 24 horas. Estos patrones afectan cuando dormimos, cuando estamos más alerta, nuestra temperatura corporal y otras funciones biológicas. Los ritmos circadianos los encontramos en casi todos los seres vivos, desde plantas hasta animales, y por supuesto en nosotros, los humanos.

El término **CIRCADIANO** proviene del latín *circa* (alrededor) y *diem* (día), y nos dice que estos patrones están interrelacionados con el ciclo de 24 horas de un día regular. El ejemplo más conocido de un ritmo circadiano es nuestro ciclo de sueño y vigilia. Cuando hay luz durante el día producimos menos melatonina, una hormona que nos ayuda a dormir. Cuando oscurece por la tarde y la noche producimos más melatonina, lo que nos hace sentir cansados y nos ayuda a conciliar el sueño.

## *Descifrando los* **CRONOTIPOS**

El término *cronotipo* se refiere al reloj biológico personal que todos tenemos, el cual determina cuándo nos sentimos más activos o somnolientos durante el día. Estos ritmos internos también afectan otros aspectos, como el apetito, la energía y la temperatura corporal.

Existen cuatro tipos comunes de cronotipos, que podemos relacionar de manera figurativa con animales:

### LEÓN

Son personas madrugadoras que tienen su mayor energía y productividad por la mañana. Prefieren acostarse temprano y se despiertan con facilidad al amanecer.

### DELFÍN

Los delfines tienen patrones de sueño irregulares y tienden a despertarse varias veces durante la noche. Su nivel de energía puede ser variable durante el día.

### OSO

Son más activos durante las horas estándar del día, desde la mañana hasta la tarde. Siguen un patrón de sueño regular y se sienten más enérgicos durante este periodo.

### LOBO

Los lobos son más activos por la tarde y la noche. Prefieren acostarse tarde y levantarse más tarde por la mañana. Pueden encontrar dificultades para ajustarse a los horarios de trabajo habituales.

## DYSANIA:
## la tortura de despertarse

La *dysania* es un término que señala la dificultad o la falta de motivación para levantarse de la cama por la mañana, a pesar de estar físicamente en condiciones de hacerlo. Se podría definir como la tendencia a no poder despertarse de manera consistente por la mañana. La persona es consciente de que debe hacerlo y de que su alarma suena, pero siente una fuerte inclinación a permanecer en la cama.

En general, una persona perezosa puede tardar alrededor de 10 minutos en levantarse de la cama en promedio. Sin embargo, las personas que padecen *dysania* pueden prolongar este tiempo de manera significativa hasta alcanzar el estado de alerta, llegando a superar los 30 minutos.

**ONIRISMO** (griego)
Estado o la experiencia de tener sueños intensos, vívidos o absurdos. Se relaciona con la creación de mundos, situaciones o experiencias mientras se duerme o entramos a estados de conciencia alterados.

**KEKAU** (indonesio)
Se relaciona con el acto de despertarse de una pesadilla. Describe el proceso de salir de un sueño aterrador y regresar a la realidad después de una experiencia desagradable durante el sueño.

**UTSURA-USTURA** (japonés)
Sensación de estar a la deriva entre el sueño y la vigilia. Es como estar en un estado intermedio, donde no se está ni despierto ni dormido por completo, a menudo caracterizado por la somnolencia y la falta de claridad mental.

**NGARONG** (dayak)
Un ser protector o guía espiritual que se hace presente en sueños o visiones, a menudo ofreciendo consejos o soluciones a problemas.

**KALOPSIA:**
**la percepción idealizada**

La *kalopsia* es un concepto del griego antiguo que describe cómo percibimos la realidad de manera más hermosa o ideal de lo que es. Esto significa que tendemos a ver las cosas como más bonitas, encantadoras o perfectas de lo que verdaderamente son. Esta percepción puede estar influida por nuestras emociones, expectativas e incluso nuestra imaginación. Muestra cómo nuestras emociones y pensamientos pueden moldear nuestra percepción de lo que nos rodea.

**QUIMERA:**
**entre el sueño y la realidad**

Una *quimera* es una creación imaginaria o ilusoria para hacer parecer que algo es posible o real, cuando no lo es. Por lo general, es aquello altamente improbable o irrealizable. La palabra y su significado se originan en la mitología griega, donde la quimera era una criatura fantástica conformada por partes de distintos seres, un león, una cabra y una serpiente. En un contexto más amplio, la ilusión se refiere a cualquier noción o concepción que parece creíble, pero es improbable de concretar o hacer realidad.

**ZIELSCHMERZ:**
**la tristeza por los sueños inalcanzables**

*Zielschmerz* es una palabra que John Koenig registra en *The Dictionary of Obscure Sorrows,* de raíces alemanas *ziel* (meta, destino) y *schmerz* (dolor). Captura la sensación de melancolía cuando nos damos cuenta de que los sueños y aspiraciones parecen inalcanzables. Esta palabra evoca una emoción relacionada con la ambición y los anhelos sin cumplir, y produce una sensación de nostalgia por lo que podría haber sido.

## DÉJÀ VU:

### cuando el presente parece un recuerdo

El término *déjà vu* proviene del francés y significa «ya visto». Se refiere a la sensación de haber experimentado una situación o evento previamente, aunque en realidad es la primera vez que ocurre. Esta sensación puede hacer que lo nuevo se sienta sorprendentemente familiar.

## DÉJÀ RÊVÉ:

### vivir un sueño

*Déjà rêvé*, que significa «ya soñado» en francés, es un fenómeno menos conocido que el *déjà vu*, pero igualmente intrigante. Para quienes lo experimentan, puede sentirse como si estuvieran dentro de un sueño. Alude a la sensación de que un fragmento de un sueño anterior ya se ha vivido en la realidad. Es como si un pedazo de tu vida real coincidiera con algo que *viviste* en un sueño previo. Este fenómeno desafía nuestra comprensión del tiempo y la realidad, y aunque no se entiende completamente, algunos creen que está relacionado con la memoria y la percepción humanas.

# SI HOY TE SIENTES TRISTE

La tristeza es como una nube gris que a veces aparece en nuestro corazón. Todos la sentimos en algún momento. Aunque no es una emoción muy agradable, nos enseña que somos personas que sentimos. La tristeza puede ayudarnos a conocernos mejor y a entender lo que nos rodea. Así que, aunque no siempre sea fácil, también tiene su importancia.

**Efecto WELTSCHMERZ:**
**la tristeza ante las injusticias**

La expresión *Weltschmerz* tiene su origen en el idioma alemán y se emplea para dar cuenta de una sensación de tristeza o malestar que surge al contemplar la realidad del mundo, al considerar las injusticias, la crueldad y el sufrimiento humano. Esta emoción está íntimamente cerca de la idea de que el mundo no cumple con las expectativas personales, lo cual puede conducir a un estado de desilusión.

El efecto *Weltschmerz* puede definirse como una forma de pesar existencial que surge cuando se toma conciencia de las imperfecciones y las adversidades presentes en el entorno. Esta experiencia puede llevar a una reflexión sobre la naturaleza de la vida, la moralidad y el propósito en medio de una realidad a menudo llena de desafíos.

*Palabras castellanas relacionadas con la tristeza*

**ACÍBAR**
Amargura o tristeza honda que se siente en el corazón.

**CUITA**
Tristeza que se siente por alguna situación dolorosa o problemática.

**ANGOSTURA**
Sensación de estrechez emocional causada por la tristeza, melancolía o pesar.

**MELANCOLÍA**
Estado emocional duradero, vago que produce desinterés, y puede surgir debido a factores físicos o emocionales.

**PESADUMBRE**
Tristeza pesarosa, a menudo relacionada con la pérdida, el sufrimiento o la desdicha.

**AFLICCIÓN**
Dolor emocional intenso, tristeza y angustia causada por una situación adversa, una pérdida o sufrimiento.

**RESQUEMOR**
Sentimiento interno de remordimiento, resentimiento o disgusto que no se expresa abiertamente y que suele resultar en desconfianza y sospecha hacia alguien o algo.

## *Tristeza en la cultura universal*

La tristeza es un sentimiento que todos experimentamos en algún momento de nuestras vidas. Aunque las culturas difieren en muchos aspectos, esta es una emoción común a la humanidad.

**DÉPITÉ** (francés)
Sensación de irritación o furia (en pequeña escala) que ocurre cuando estás decepcionado, eres rechazado en el amor o no ganas un premio.

**WATJILPA** (pitjantjatjara)
Sentimiento de alejamiento de las unidades familiares o sociales. Similar a la nostalgia, pero más profunda.

**HI FUN KOU GAI** (japonés)
Es una especie de ira, una frustración y desesperación por una situación que parece terrible pero que no se puede cambiar.

**LEBENSMÜDE** (alemán)
Se traduce como «cansado de la vida» y significa que haces cosas tan arriesgadas que claramente no te importa tu propia seguridad, es un estado de indiferencia ante el riesgo físico.

**TǍNTÈ** (chino)
Nerviosismo o ansiedad perpetua. Estado de preocupación en el que tus sentidos están tan agudizados que puedes percibir los latidos de tu propio corazón.

**TÓSKA** (ruso)
Es una sensación de profunda angustia espiritual, a menudo sin una causa específica. En niveles menos extremos, es un dolor

sordo en el alma, un anhelo sin objeto. En casos particulares, puede referirse al deseo de alguien o algo específico, así como a la nostalgia o la melancolía. En su forma más leve, se transforma en hastío y aburrimiento.

**GHOSEH** (persa)
Se parece a la tristeza, pero en un sentido físico. Un término para cuando un dolor se siente un poco fuera de sí mismo, o es una emoción que debe llevarse, en lugar de internalizarse.

**MUTTERSEELINALLEIN** (alemán)
Soledad, pero más impactante: evoca el abandono de todo lo que amas.

**WINTERCEARIG** (inglés)
Significa «cuidado de invierno», y es una metáfora de la fuerza de tu tristeza, que es tan potente y constante como el frío amargo del pleno invierno.

**HAN** (coreano)
Encapsula sentimientos de tristeza y arrepentimiento, a menudo con una sensación de espera paciente, de aguardar por una mejora.

**WEEMOET** (neerlandés)
Describe la fuerza para superar la tristeza, como aquella que surge en relación con la nostalgia.

**LITOST** (checo)
Es cuando te sientes triste o te arrepientes, y empiezas a pensar más en ti mismo y en lo mal que te sientes debido a algo indeseado que te ha pasado.

**MATUTOLYPEA** (latín y griego)
Se utiliza para apuntar el estado de mal humor o irritabilidad, como cuando en ocasiones nos acabamos de despertar por la mañana. Esta palabra se deriva del latín *matuta*, relacionada con la diosa romana del amanecer Mater Matuta, y la palabra griega *lype* (dolor). Por lo tanto, se traduce literalmente como «el dolor del amanecer», y hace referencia al estado de ánimo no muy agradable que algunas personas experimentan al despertar.

**EFKAR** (turco)
Estado de tristeza en una situación muy hermosa o en un momento feliz.

**WASUREMONO** (japonés)
Cosas que se han perdido o que se han dejado atrás en algún lugar, como un tren o en casa.

**HINAYANG** (tagalo)
Arrepentimiento por algo que pudo haber sido.

**NADRYV** (ruso)
Un estallido de emoción o pasión, a menudo incontrolable cuando se liberan sentimientos ocultos.

## *El consuelo en la comida*

El refugio en la comida es un fenómeno común para encontrar alivio emocional en momentos de estrés, tristeza o ansiedad.

**KUMMERSPECK** (alemán)
Significa «tocino de la pena». Se refiere al aumento de peso que se produce cuando se come en exceso debido a razones emocionales.

**KUCHISABISHII** (japonés)
Significa «boca solitaria» o «anhelo de tener o poner algo en la boca de uno». Se refiere a la práctica de encontrar consuelo y placer en la preparación y disfrute de la comida como una forma de lidiar con la tristeza o la ansiedad.

**MANGER SES ÉMOTIONS** (francés)
Significa «comerse las emociones» y trata de suprimir o mitigar un sentimiento a través de la comida, en este caso, sin enfrentar o experimentar plenamente las emociones. A menudo, esto se hace para compensar una carencia emocional.

**VIRAAG:**
**liberación a través del desapego**

El término *viraag* se refiere a un concepto hindú importante en las filosofías y prácticas espirituales de la India, en el contexto del hinduismo y el yoga. *Viraag* se traduce comúnmente como «desapego» o «renuncia».

Significa soltar los apegos a cosas materiales y deseos. Se considera algo positivo en muchas tradiciones espirituales, porque ayuda a avanzar hacia una comprensión más profunda y a encontrar calma interior. No significa rechazar completamente el mundo o lo que nos gusta, sino encontrar un equilibrio. Es como liberarse de cadenas emocionales y permitir una mayor tranquilidad.

**NEPENTE:**
**alivio mitológico**

*Nepente* es un vocablo que encuentra sus raíces en la mitología griega. En la obra *Odisea*, de Homero, se cuenta que Helena empleó una poción denominada *nepente* para mitigar el dolor y el sufrimiento. Esta sustancia tiene el poder de inducir el olvido, mitigar la preocupación y el sufrimiento emocional. En contextos literarios, es una suerte de elixir o sustancia mágica que auxilia temporalmente en el olvido de penas y tristezas.

# SI HOY NECESITAS SUPERAR UN OBSTÁCULO

A veces encontramos problemas como piedras en el camino. Pero, en lugar de quedarnos atascados, podemos verlos como oportunidades. Cuando enfrentamos y resolvemos estos problemas, aprendemos y nos hacemos más fuertes.

## RESILIENCIA:
## enfrentar la adversidad y su impacto transformador

La resiliencia, cuyo origen deriva del término latino *resilio*, que significa «rebotar» o «saltar hacia atrás», se refiere a la habilidad para enfrentar, superar y recuperarse de situaciones difíciles, adversidades o traumas. Se refiere a la capacidad de adaptarse de manera positiva a circunstancias estresantes o desafiantes y mantener un equilibrio mental y emocional, a pesar de las condiciones adversas.

Los resilientes son capaces de descubrir formas efectivas de asimilar el estrés, la presión y las dificultades, y tienen la capacidad de aprender y crecer a partir de estas experiencias. No consiste en evitar o eludir los desafíos, sino en desarrollar habilidades para abordarlos de manera eficaz y mantener el bienestar.

La resiliencia da cuenta de un proceso en constante evolución, capaz de ser nutrido y fortalecido desde la educación, la experiencia y el apoyo mutuo.

### *Tipos de resiliencia*

#### RESILIENCIA PSICOLÓGICA

Se refiere a la capacidad de adaptación psicológica o mental para emplear puntos fuertes y destrezas con el fin de enfrentar los desafíos y adversidades. Aquellas personas con resiliencia psicológica pueden mantener la calma y la serenidad ante desafíos o crisis vitales sin experimentar repercusiones a largo plazo, como ansiedad o malestar psicológico.

#### RESILIENCIA EMOCIONAL

Es la manera en que las personas enfrentan el estrés,

dado que cada individuo responde a los cambios y situaciones de forma única. Aquellas con fortaleza emocional pueden identificar y comprender sus emociones, recurriendo a recursos internos y externos para manejar las tensiones y sentimientos de manera optimista y constructiva.

### RESILIENCIA FÍSICA

Se refiere a cómo el cuerpo se recupera y enfrenta las transformaciones derivadas de las exigencias del entorno. Esto desempeña un papel esencial en la salud a largo plazo. Incluso el envejecimiento supone una respuesta al estrés físico, a las enfermedades o adversidades.

### RESILIENCIA COMUNITARIA

Es la habilidad de los grupos para recuperarse y reaccionar ante situaciones adversas que los afectan, como desastres naturales, actos terroristas, violencia o desafíos económicos.

## AMOR FATI: amar al destino

*Amor fati* es una expresión latina que se traduce como «amor al destino» y se vincula al pensador alemán Friedrich Nietzsche. Supone una actitud de aceptación y afecto hacia todos los aspectos de la vida, incluso aquellos que puedan parecer difíciles o desafiantes. Es una invitación a abrazar el curso completo de la existencia, desde los momentos más alegres hasta los más dolorosos.

En lugar de lamentarse por lo que ha sucedido o preocuparse en exceso por lo que depara el futuro, el *amor fati* nos invita a abrazar cada experiencia con una mente abierta y un corazón valiente. Es un recordatorio de que todas las etapas de nuestra vida, incluso las que pueden parecer difíciles, contribuyen a la riqueza y profundidad de nuestra existencia.

Nos anima a abrazar cada instante con gratitud y aceptación, a ver cada desafío como una oportunidad para crecer y aprender. En esencia, es una invitación a amar y abrigar cada aspecto de nuestro destino, nutriendo así la relación con la realidad tal como es.

## GANBARU: la cultura del esfuerzo en Japón

*Ganbaru* es una palabra japonesa que comúnmente expresa el esfuerzo máximo, persistente y con determinación. Puede traducirse como «hacer lo mejor posible» o «dar lo máximo de uno mismo».

Es una palabra que a menudo se utiliza para animar o alentar a seguir adelante y superar desafíos. Busca transmitir un sentido de voluntad para el esfuerzo incluso ante dificultades. Podemos encontrar distintos usos del *ganbaru* según el contexto:

### GANBARIMASU

Significa «Haré todo lo posible, me esforzaré. Siempre apoyando a los demás y trabajando juntos».

### ISSHONI GANBARIMASHOU

Significa «esforcémonos juntos, podemos conseguirlo».

### GANBATTE MIMASU

Significa «Voy a intentarlo con todo mi esfuerzo y determinación».

**METANOIA:**
**cambiar de idea**

La palabra *metanoia* proviene del griego antiguo *μετάνοια*, que significa «cambio de mente» o «cambio de pensamiento». Se utiliza para describir un cambio o transformación en la forma en que pensamos, sentimos o actuamos. En un sentido más amplio, la *metanoia* se refiere a un cambio en los valores, creencias o actitudes.

Etimológicamente deriva de dos elementos griegos:

> **META** (μετά), significa «después» o «más allá». En este contexto, encierra un cambio o transformación en una dirección diferente. **NOIA** (νόος), traduce como «mente» o «pensamiento».

En conjunto, *metanoia* sugiere un movimiento más allá o después del pensamiento anterior, indica una transformación significativa en la forma de comprender y aborda las vivencias.

En contextos religiosos y filosóficos describe una conversión espiritual o un cambio en la forma de relacionarnos con lo divino, con uno mismo o con el mundo que nos rodea.

**NANKURUNAISA:**
**el tiempo todo lo cura**

*Nankurunaisa* es una palabra del antiguo Japón cuyo significado amplio se expresaba de la siguiente forma: «nunca olvides quién eres y vive en el presente y futuro; nunca dejes de sonreír, incluso en días difíciles, porque el sol te recibirá con una sonrisa en el próximo día, así que haz lo mismo».

Con el tiempo, este significado se simplificó y matizó para convertirse en un deseo y una afirmación poderosa. En la actualidad, su sentido señala «con el tiempo, todo se solucionará». Esta palabra tiene sus raíces en el dialecto okinawense y solía estar compuesta por varios ideogramas: *nankuru, nai y sa*. Estos componentes se fusionaron en una sola palabra.

**NANKURU**
se interpreta como «de alguna forma» o «en cierto sentido».

**NAI**
Deriva del verbo *naru*, que significa «transformarse» o «convertirse en».

**SA**
Actúa como una partícula que se agrega al final de una palabra para intensificar su significado.

A menudo, se combina con la fórmula *makuto soke*. Cuando se mencionan juntas, *makuto soke nankurunaisa* se traduce como: «Si haces lo correcto y verdadero, todo saldrá bien». Esto refleja la cultura, personalidad y valores de los habitantes de Okinawa.

Al igual que otras palabras, *nankurunaisa* se ha convertido en una filosofía en la tradición japonesa e incluso muchos la consideran una guía de vida según sus cuatro pilares: autenticidad, confianza, perseverancia y vivir el presente y el futuro.

## *Resistencia y perseverancia*

La capacidad de resistir y persistir nos ayuda a enfrentar problemas difíciles sin rendirnos. Nos da la fuerza para seguir adelante y alcanzar nuestras metas a pesar de las dificultades en el camino.

**JAKSAA** (finés)
Capacidad de resistir y persistir ante situaciones difíciles. Representa la fuerza interior para enfrentar desafíos.

**SUMUD** (árabe)
Resistencia y perseverancia en el contexto de enfrentar la adversidad y la opresión con fortaleza.

**HYPOMONĒ** (griego)
Constancia y perseverancia, mantenerse firme incluso en medio de dificultades.

**ORKA** (sueco)
Tener energía, ser resistente y enérgico, características que exigen perseverancia.

**ASENDEREADO**
Se refiere a aquellas personas que han sobrellevado numerosas dificultades o adversidades. También describe a quienes destacan por su experiencia. Como dato curioso, fue empleada por Cervantes en varias ocasiones, como por ejemplo en este fragmento del Quijote a manos del Hidalgo de la Triste Figura: «...mis continuos y profundos suspiros moverán a la continua las hojas de estos montaraces árboles, en testimonio y señal de la pena que en mi asendereado corazón padece».

**AVIDEZ**

Se relaciona con un deseo intenso y enérgico de logros, lo cual puede impulsar a perseverar en la búsqueda de objetivos.

## *Satisfacción en la solución de problemas*

Saber resolver problemas es esencial en muchas situaciones, tanto en la vida diaria como en el trabajo. Significa encontrar soluciones cuando nos enfrentamos a dificultades.

**DÉBROUILLARDISE** (francés)
Habilidad o capacidad para resolver problemas o encontrar soluciones creativas en situaciones difíciles o complicadas.

**TAARRADHIN** (árabe)
Una solución feliz para todos, «Yo gano. Tú ganas». Es una forma de encontrar la resolución de un problema sin que nadie pierda.

**MAEMUKI** (japonés)
Actitud positiva, optimista y proactiva ante la vida y los desafíos. Esta palabra contiene un enfoque hacia adelante y una determinación para enfrentar las situaciones de manera constructiva.

**PALINODIA**
Retractación pública que alguien hace de lo que ha dicho.

## *Actitud positiva y optimismo*

Abordar la vida con una mentalidad constructiva, enfocada en las posibilidades y oportunidades, incluso en medio de desafíos, ayuda a ver el lado bueno de las situaciones, mantener la esperanza y creer en un resultado favorable.

**KAIROSCLEROSIS** (griego)
Resistencia al cambio o a nuevas experiencias debido al deseo de mantener las cosas tal como están. Aunque no se refiere al optimismo, sugiere una tendencia a mantener una actitud conservadora en lugar de estar abiertos al cambio.

**PETTA REDDAST** (islandés)
Se traduce como «las cosas se arreglarán por sí solas». Refleja una actitud optimista y confiada en que las circunstancias mejorarán con el tiempo, lo cual está relacionado con el optimismo y la esperanza.

**AYURNAMAT** (inuit)
Se traduce como «así es como funciona, no podemos evitarlo, mejor suerte la próxima vez». Aunque no se refiere al optimismo, esta filosofía sugiere una aceptación pragmática de las situaciones y confianza en que las cosas mejorarán en el futuro.

**UTOPÍA**
Lugar o estado imaginario ideal donde todo es perfecto, armonioso y justo, aunque su realización es altamente improbable.

### GAMAN:
### la fortaleza serena

*Gaman* es un término japonés que encierra la habilidad de resistir con paciencia y persistencia ante obstáculos, sufrimientos o dificultades. Esta palabra expresa la capacidad de mantener la tranquilidad y compostura en circunstancias desafiantes, evitando quejas y mostrando una actitud de fortaleza.

La esencia de *gaman* reside en cultivar una fortaleza interna y una mentalidad de resistencia serena en medio de la adversidad. Este concepto es fundamental en la cultura japonesa, se enfoca en la autodisciplina y el control emocional en momentos complicados. Adoptar esta actitud puede ser considerado un signo de madurez y consideración hacia los sentimientos de los demás.

### ORENDA:
### el poder transformador en la cultura hurona

*Orenda* es un término de la lengua hurona, hablada por los hurones, un pueblo indígena que habitaba regiones de América del Norte, las áreas alrededor de los Grandes Lagos. Hace referencia a una creencia espiritual y cultural sobre el poder o la energía espiritual que poseen los individuos y su influencia en el mundo. Se cree que la *orenda* es una fuerza vital que contribuye a realizar acciones y lograr cambios en la realidad. Se relaciona con la voluntad humana para cambiar el mundo frente a fuerzas poderosas, como el destino.

### FREIZEITSTRESS:
### estrés en el tiempo libre

*Freizeitstress* es una expresión alemana que se puede traducir al español como «estrés en el tiempo libre» o «estrés durante el ocio». Se refiere a la sensación de tensión que una persona puede experimentar cuando está en su tiempo libre debido a diversas razones. Estas pueden incluir la excesiva planificación de actividades, la creencia de no estar aprovechando el tiempo de ocio de manera adecuada, la constante búsqueda de entretenimiento o la presión de ser productivo incluso durante los momentos de descanso.

# SI HOY NECESITAS REÍRTE

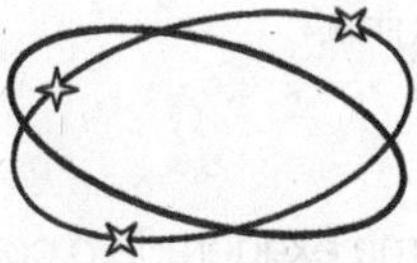

La risa es un regalo que todos compartimos, sin importar el idioma o la cultura. Es un lenguaje que nos une y nos hace sentir bien. Cuando nos reímos, nuestras preocupaciones desaparecen por un momento y nos sentimos acompañados. Desde una sonrisa discreta hasta una risa estruendosa, la risa es como una luz que brilla en nuestra vida, recordándonos que incluso en los momentos difíciles, siempre hay espacio para ella.

**QUIHUETZCALTIÁ** (náhuatl)
El don de hacer reír a otra persona.

**GLAS WEN** (galés)
Sonrisa auténtica y genuina.

**GULUSMEAR**
Acción de sonreír de forma exagerada o con alegría desbordánte.

**GUFFAW** (inglés)
Risa fuerte y ruidosa, a menudo incontrolable y en forma de carcajada. Esta risa puede ser contagiosa y llamar la atención debido a su intensidad y volumen.

**JAYUS** (indonesio)
Broma o chiste tan malos que resulta gracioso.

**ELMOSOLYODNI** (húngaro)
Es una microsonrisa que anuncia el inicio de una sonrisa completa.

**BEFAR**
Hacer una burla o broma de alguien.

**CACHINNATE** (inglés)
Reírse a carcajadas o desmesuradamente.

**WOMBA** (bakweri)
La sonrisa de un niño dormido.

**AYEKAN:**
**la sonrisa permanente**

*Ayekan* es una palabra en mapudungun, el idioma de los mapuches, un pueblo originario del sur de Chile y que en menor proporción habita en Argentina. *Ayekan* se traduce como «reír siempre». Puede abarcar más que solo el acto de reír. Puede transmitir la idea de mantener un espíritu alegre y positivo, y mostrar una actitud de alegría constante.

**AGELAST:**
**la persona que nunca ríe**

*Agelast* es un término que proviene del griego antiguo y se utiliza para describir a una persona que nunca ríe o que tiene una falta notable de sentido del humor. Es una palabra que caracteriza a quien parece incapaz de experimentar o expresar la risa en situaciones consideradas graciosas. El término *agelast* se forma a partir de las palabras griegas *a* (sin) y *gelan* (reír).

**SCHNAPSIDEE:**
**la estimulación creativa bajo los efectos del alcohol**

*Schnapsidee* es una palabra alemana que describe una idea descabellada, absurda o extravagante que surge bajo la influencia del alcohol. Una ocurrencia o pensamiento que puede parecer ingeniosos o entretenidos en el momento, pero que en realidad carece de sentido lógico o coherente cuando se examina con más detenimiento.

La palabra se compone de dos partes: *schnaps* (licor) e *idee* (idea). Juntas, forman una expresión que sugiere que las ideas que surgen después de haber consumido alcohol pueden ser extravagantes o poco realistas. Es una manera graciosa de referirse a las ocurrencias que pueden parecer creativas o ingeniosas en el momento, pero que no son viables en la realidad.

## RISA SARDÓNICA:
## reír sin alegría

La risa sardónica es una expresión de risa o sonrisa que parece forzada o siniestra. Se caracteriza por una contracción espasmódica de los músculos faciales, especialmente los de la mandíbula, que dibuja una apariencia antinatural. La risa sardónica a menudo se da en situaciones incómodas o perturbadoras.

El origen de la risa sardónica se remonta a la palabra *sardónico*, que a su vez tiene sus raíces en el término griego *sardonikós*, que significa «risa compulsiva». Se han descubierto conexiones que la relacionan con una planta singular: la sardonia, nativa de la región de Cerdeña. También se ha relacionado con la expresión facial observada en personas afectadas por el tétanos o la enfermedad de Wilson.

En un sentido más amplio, la risa sardónica describe cualquier expresión facial de risa que tenga un componente inusual o inquietante.

## *Situaciones graciosas*

La vida cotidiana está llena de momentos graciosos y torpes. Desde quedarnos dormidos hasta tener que correr para llegar al trabajo. Son esos pequeños errores y confusiones los que nos hacen reír de nosotros mismos y nos recuerdan que el humor está en lo simple de la vida.

**TARTLE** (escocés)
Sensación de quedarse en blanco u olvidar el nombre de alguien justo cuando se está a punto de presentarlo.

**TREPPENWITZ** (alemán)
Momento en el que tienes una respuesta inteligente o brillante, pero solo te das cuenta de ello después de que se ha perdido la oportunidad de compartirla.

**DAPJEONGNEO** (coreano)
Esta situación ocurre cuando alguien formula una pregunta y ya tiene una idea preconcebida de cuál será la respuesta, y aguarda a que sea de acuerdo a sus expectativas.

**AGE-OTORI** (japonés)
Alguien que ha tenido una visita al peluquero y no ha tenido mucho éxito, al verse peor que antes del corte.

**VERSCHLIMMBESSERN** (alemán)
Empeorar involuntariamente algo al tratar de arreglarlo o mejorar su situación.

**FAUXCELLARM** (inglés)
La convicción de que tu teléfono móvil está sonando.

**FAAMITI** (samoano)
El sonido que se produce al aspirar aire a través de los labios para llamar la atención de un perro o un niño.

**VYBAFNOUT** (checo)
Saltar y sorprender a alguien diciendo «bu».

**ANTSAFA** (malgache)
Preguntar sobre cosas de las que se tiene pleno conocimiento de antemano.

**PROZVONIT** (checo)
El acto de llamar a alguien y dejar que suene solo una vez, lo que sería «hacer una llamada perdida».

**BERLENGGANG** (indonesio)
Caminar con gracia balanceando las manos o las caderas.

**TINGO** (rapa nui)
Describe el acto de tomar prestado los objetos de casa de un amigo de forma paulatina.

**SITZRIESE** (alemán)
Describe a una persona que parece alta cuando está sentada debido a la longitud del torso, pero que al estar de pie no es necesariamente más alta que el promedio porque tiene las piernas relativamente cortas.

## *Mapa mundial de la risa*

Una de las formas más comunes de expresión en nuestras interacciones en las plataformas de redes sociales es la risa. Existen múltiples maneras de manifestarla y una gran variedad de tipos.

### ALEMÁN

Además de las habituales «ha, ha» y LOL, los germanoparlantes recurren a los asteriscos para expresar risa, como *grins* (a veces abreviado como g) o *lach*, que se traduce como «sonrisa» y «risa».

### ÁRABE

En árabe estándar, se escribe هههههههههه y se pronuncia de manera similar a nuestro «ja, ja, ja».

### BENGALÍ

La risa se transcribe como «মজাই মজা», que suena a «ja, ja».

### CHINO MANDARÍN

En China continental se utilizan los números «23333» para expresar la risa. Además, en el alfabeto mandarín, la transcripción de «ja, ja» es 哈哈, que se escribe como «haha» cuando se transcribe al alfabeto latino, debido a la influencia del inglés.

### COREANO

Lo más común en el idioma coreano es la secuencia «k-k-k-k-k-k».

### ESPAÑOL

Se expresa con «jajaja». Para la ironía, utilizamos «jejeje», y para un tono más juguetón, «jijiji».

## ESTONIO

Utilizan «IRW». Estas tres letras en realidad son una abreviatura del verbo estonio «irvitamina», que significa «reír de una manera especial» o «sonreír».

## FARSI PERSA

Se expresa como «ﺥﺥﺥﺥﺥﺥﺥﺥ» y se pronuncia como «kha-kha-kha».

## FRANCÉS

Lo más común es MDR, que representa «Mort de Rire» (muerto de risa). Para un tono aún más alto, existe PTDR («Pété de Rire»: literalmente «reventado de risa»), y para un nivel extremo, XPTDR («Extrêmement Pété de Rire»: «extremadamente reventado de risa»).

## GRECIA

Para la risa típica, los griegos usan más «χαχα» («xaxa»), que se asemeja a nuestro «jaja». Para una risa furtiva, se usa «χεχε» («çeçe») y «μπουχαχα» («buxaxa») se emplea para una risa malvada.

## HINDI

Una expresión interesante es el «número EK», que se traduce como «esto es un número 1» y se usa como una respuesta afirmativa a una broma.

## INDONESIO

En Indonesia, «wkwk» / «wkwkwk» / «wakaka» / «xixi» son comunes debido a la facilidad de presionar las teclas «k» y «w».

## INGLÉS

En inglés, una de las formas más típicas para transcribir la risa es «haha». También se utilizan «hehe» para la risa irónica o «hihi» para transmitir risa traviesa. En las redes sociales es común emplear «LOL» (Laughing Out Loud), es decir, «reírse a carcajadas».

**ITALIANO**

En italiano, se utilizan «ahahah» o «eheheh», aunque no tienen el sonido fuerte aspirado de la «j» española.

**JAPONÉS**

En Japón, «www» no solo se refiere a World Wide Web, sino también a la risa electrónica. Esto se debe a que las palabras para *risa* y *sonrisa* comienzan con «w» en japonés: «warau» y «warai».

**LITUANO**

La expresión para risa en lituano es «Cha Cha Cha», que se pronuncia de manera similar a nuestro «jajaja».

**MALAYO**

Escriben «Ha3Ha3Ha3» o simplemente «Ha3». También utilizan las formas tradicionales como «haha» o «ha, ha», que se asemejan al inglés.

**PAISES NÓRDICOS**

En Noruega se usan las grafías «Høhøhø» y en Dinamarca, «Hæhæhæ». En Suecia se utiliza «asg», abreviatura de «asgarv», que significa «risa intensa».

**POLACO**

Usan la palabra *heheszki*, que significa «patadas y risas» para expresar diversión sin ningún propósito serio. Sin embargo, en la actualidad tienden a usar más palabras en inglés en la jerga, como «haha».

**PORTUGUÉS**

Se utilizan abreviaturas como «kkkk» y «rsrsrs».

**RUSO**

«лол» (LOL) es común en Rusia, así como «axaxaxa».

**TAILANDÉS**

Se expresa como «55555», ya que el número 5 en este idioma se pronuncia «haa». Para expresar mucha risa, algunos agregan varios «5555555» seguidos.

**TURCO**

En turco, se emplea «hahaha» o «ahahah», «jsjsjsjs», «weqeqwqewqew» o incluso letras al azar como «dksajdksajdoşad».

**UCRANIANO**

La risa se escribe como «axaxaxax». Para la risa sarcástica, «азаза».

**URDU**

Es el idioma oficial de Pakistán, «ha» se escribe como اہ. Para expresar más risa, simplemente se agregan más letras اہ. También se utilizan formas similares a las que usan hablantes de pashto y persa, como اه.

**VIETNAMITA**

Se encuentran expresiones como «khà khà khà» (risa de anciano), «hê hê» (riendo con orgullo), «hì hì» (risa débil), «hô hô» y más.

# SI HOY NECESITAS COMPASIÓN

La compasión nos permite interesarnos por el estado emocional del otro y la empatía, experimentar su punto de vista, ponernos en su situación y entender por lo que está pasando, en especial cuando atraviesa momentos difíciles. La empatía funciona como un vínculo que une a las personas, permitiéndonos percibir lo que otros sienten. Al hacerlo, podemos establecer relaciones más sólidas. Tiene sus raíces en el término griego *empátheia*, que se traduce como «emocionado».

## *Tipos de empatía*

La empatía nos pone en condición de entender cómo se sienten los demás, reconocer sus emociones y actuar de forma coherente. Aunque hablamos de *tipos de empatía*, es esencial saber que todos son parte del mismo proceso.

### EMPATÍA COGNITIVA

Esta forma de empatía desarrolla una comprensión general de lo que otra persona está pensando y sintiendo, pero aún sin incluir elementos personales. Nos permite obtener una visión del mundo interno de esa persona, como si miráramos a través de su perspectiva. La empatía cognitiva se aplica en diversos contextos, como las negociaciones empresariales.

### EMPATÍA EMOCIONAL

Esta forma de empatía nos dota de la capacidad para sentir las emociones de los demás, lo cual es fundamental para responder de manera adecuada a sus demandas en el ámbito personal.

### SIMPATÍA O PREOCUPACIÓN EMPÁTICA

La simpatía se deriva del término griego *sympatheia* y contiene la idea de «sentir lo mismo que el otro», preocuparnos por las experiencias de los demás.

### ECPATÍA

Un término asociado a los tipos de empatía es la *ecpatía*. Se trata de la capacidad que nos permite distinguir entre nuestros propios sentimientos y circunstancias, y los de las personas en nuestro entorno. Creamos un límite entre nuestras emociones y las de los demás. Este concepto complementa al de empatía al permitirnos mantener una separación saludable entre nuestras experiencias y las de los demás.

**SORORIDAD:**
**solidaridad y hermanamiento entre mujeres**

La *sororidad* es un término que se refiere a la solidaridad y colaboración entre mujeres, basada en la empatía, el apoyo mutuo y el reconocimiento de las luchas y desafíos que enfrentan en función de su género. Es una vinculación emocional y un sentido de comunidad que busca promover la igualdad de género, empoderar a las mujeres y combatir el sexismo y la opresión. Está construida siguiendo el mismo modelo lingüístico que «fraternidad», aunque se origina a partir de la palabra latina *soror*, que significa «hermana», en contraste con *frater*, que significa «hermano».

La *sororidad* trasciende las divisiones y rivalidades entre mujeres para colaborar conjuntamente en la construcción de un mundo más equitativo y justo. Este concepto es empleado, por lo general, en el ámbito del feminismo y los movimientos que promueven el empoderamiento de las mujeres.

## *Palabras del castellano relacionadas con la comprensión*

**BENEVOLENCIA**

Tendencia a la buena voluntad hacia las personas.

**MISERICORDIA**

Disposición a compadecerse de los sufrimientos y miserias ajenas.

**CONMISERACIÓN**

Sentimiento de pena y dolor por la desgracia o sufrimiento de alguien.

**COMPASIÓN**

Es la capacidad de entender y compartir los sentimientos de otra persona, en especial cuando experimenta dificultades o sufrimiento.

**FILANTROPÍA**

Tendencia a procurar el bien de las personas de manera desinteresada, incluso a costa del interés propio.

## EXULANSIS:
## cuando las palabras no unen

*Exulansis* es un término recogido por John Koenig en *The Dictionary of Obscure Sorrows*, que se utiliza para describir el sentimiento de frustración que surge al percatarse de que, a pesar de comunicar una idea o experiencia significativa, no se logra comprender ni surge una relación con las palabras. Esto lleva a la decisión de abandonar el diálogo, se opta por el silencio para evitar la incomprensión en la conversación. En esencia, se trata de retirarse emocionalmente para eludir una situación incómoda o difícil.

## KRENG-JAI:
## la consideración en la cultura tailandesa

*Kreng-jai* es un término tailandés que se entiende como un sentimiento de consideración excesiva o cuidado exagerado hacia los sentimientos y deseos de los demás. Es un concepto cultural importante en Tailandia y se refiere a la actitud de evitar causar molestias o inconvenientes, incluso si eso significa que las propias necesidades o deseos queden en segundo plano. Es una expresión de respeto hacia los demás.

## SATORI:
## un destello de comprensión

*Satori* es un término japonés que describe un momento de comprensión intenso; una experiencia de claridad o conocimiento que va más allá del pensamiento tradicional y que trasciende la mente ordinaria.

El *satori* a veces se relaciona con darse cuenta, de repente, de que todo está emparentado y cambia todo el tiempo. Puede ser como un destello de conocimiento que te hace ver el mundo de manera diferente y más compleja.

## MOKITA:
### verdades incómodas que permanecen en silencio

*Mokita* es una palabra en el idioma *kivila*, hablado en Papúa Nueva Guinea que se utiliza para describir una verdad o realidad incómoda que todos conocen pero que nadie está dispuesto a mencionar o discutir abiertamente. Es tabú del que nadie habla a pesar de que todos son conscientes de ello. Señala situaciones en las que se evita abordar una verdad incómoda para evitar conflictos o tensiones.

## UBUNTU:
### yo soy porque nosotros somos

*Ubuntu* representa una ética y filosofía sudafricana que se centra en la lealtad y en la forma en que las personas se relacionan entre sí. La palabra proviene de las lenguas zulú y xhosa.

En su esencia, *ubuntu* abraza la idea de que todas las personas están interrelacionadas y son interdependientes. Esta filosofía sostiene que nuestra humanidad está intrínsecamente ligada a la de los demás, y que nuestras acciones y actitudes deben demostrar respeto, empatía y consideración.

Esta filosofía se basa en el respeto por uno mismo y por los demás. Por lo tanto, si puedes ver a los demás, incluso a los desconocidos, como seres humanos completos, tratarás a todos con dignidad y no los menospreciarás ni los maltratarás.

## *Términos de gratitud*

Cuando decimos *gracias*, no solo estamos reconociendo lo que alguien hizo por nosotros, sino que también mostramos que entendemos lo que hicieron y por qué lo hicieron. La empatía desempeña un papel fundamental en este proceso, ya que nos ayuda a imaginarnos cómo se sintieron y cómo nuestras acciones afectaron a sus emociones. Al expresar gratitud, estamos diciendo que apreciamos no solo lo que nos dieron, sino también el cariño y el esfuerzo que pusieron en ello.

**NAMASTE** (hindi)
Saludo que se acompaña con una ligera inclinación o juntar las manos; se traduce como «te saludo» o «te reconozco». También significa respeto y reconocimiento entre las personas.

**MAHALO** (hawaiano)
Agradecimiento, gratitud, admiración, elogio y respeto. Se utiliza para expresar gratitud o mostrar aprecio por algo que se ha hecho.

**SABUWONA** (zulú)
Se usa en las tribus del Natal, Sudáfrica, para transmitir un saludo amigable o expresar un deseo sincero de bienestar. Es una forma de saludar y mostrar amabilidad, indica el deseo de que otros se sientan bien y sean bienvenidos.

**OTSUKARESAMA** (japonés)
Expresa agradecimiento y reconocimiento por el esfuerzo o trabajo duro. Puede traducirse como «gracias por tu arduo trabajo» y muestra aprecio por el esfuerzo realizado.

**WARM-GLOW** (inglés)
Se traduce como «generosidad cálida» y se trata de una teoría económica que describe la sensación emocional positiva que experimentamos cuando damos algo a los demás, ya sea en forma de tiempo, dinero o ayuda. La satisfacción y la recompensa emocional que sentimos al hacer algo bueno por los demás se asemeja a una sensación cálida y reconfortante.

**AYUBOWAN** (cingalés)
Un saludo o deseo que expresa deseos de salud, felicidad y una vida larga. Es también un saludo o una despedida afectuosa.

**TAKK FYRIR SÍÐAST** (islandés)
Es un ejemplo de un saludo amigable que expresa gratitud por el último encuentro con alguien. Esta expresión es un reflejo de la buena convivencia en los países nórdicos, donde los encuentros entre personas pueden ser infrecuentes debido a la baja densidad de población en áreas rurales. En estas comunidades es importante llevarse bien con los vecinos, ya que es probable que necesites su ayuda en algún momento. En esencia, esta expresión es como decir «gracias por la última vez que nos vimos».

**HUBRIS:**
**el ego sobredimensionado**

La palabra *hubris* viene del griego antiguo y se refiere a un comportamiento arrogante y orgulloso que desafía las normas o la moral. Los antiguos griegos creían que este tipo de actitud provocaba castigos de los dioses. Hoy en día, se usa para describir comportamientos presuntuosos que pueden llevar a problemas o caídas. En las historias griegas los personajes que mostraban *hubris* a menudo terminaban en desgracia debido a su arrogancia.

## *Relaciones profundas*

Las relaciones profundas son lazos especiales que van más allá de las normales. Son vínculos de consciencia y comprensión.

**GROK** (inglés)
El término va más allá de solo entender algo o a alguien. Supone un vínculo profundo con la esencia misma de lo que se está comprendiendo. Se originó en la novela de ciencia ficción *Stranger in a Strange Land*, de Robert A. Heinlein.

**POLE** (swahili)
Es una expresión que significa «lo siento». Sin embargo, va más allá de una simple disculpa. En la cultura swahili, «pole» es una forma de mostrar empatía y compasión hacia alguien que está pasando por un momento difícil o experimentando dolor. Es reconocer y compartir las emociones de la otra persona, transmitir la idea de que estás con ellos en su experiencia y que te importa cómo se sienten.

**OMOIYARI** (japonés)
Describe una comprensión intuitiva de los deseos, sentimientos y pensamientos de los demás; ser consciente de las emociones y circunstancias, y luego llevar a cabo acciones que reflejen esa sensibilidad y preocupación.

## *El poder de la comprensión y la compasión*

La comprensión y la compasión son herramientas poderosas que pueden cambiar relaciones para mejor. Entender los sentimientos de los demás es clave para un mundo más amable.

**FILÓTIMO** (griego)
Engloba un sentido de honor, respeto y dignidad. Además, abarca la idea de buscar el bienestar común y actuar de manera altruista en beneficio de la comunidad.

**IKTSUARPOK** (inuit)
Sensación de esperar ansiosamente a alguien y salir repetidamente para ver si esa persona ha llegado o está en camino. Esta palabra captura la anticipación y acción de mirar afuera en busca de la llegada de quien se espera.

**KARUNA** (sánscrito)
Tener compasión y empatía hacia el sufrimiento de los demás, y estar dispuesto a aliviarlo.

**KOEV HALEV** (hebreo)
Se traduce como «me duele el corazón» y se utiliza para identificar el sufrimiento de otra persona, mostrando empatía.

**SONDER**
La comprensión de que todo el mundo tiene una vida tan vívida y compleja como la suya. Apuntado por John Koenig en *The Dictionary of Obscure Sorrows*.

**GADUGI** (cherokee)
Trabajar juntos por el bien común.

**FIHAVANANA** (malgache)
Amistad, solidaridad y cohesión comunitaria.

## *Los éxitos ajenos en la cultura yidis*

En la cultura yidis, celebrar los éxitos de los demás es algo común. En lugar de sentir envidia o rivalidad, existe un sentimiento de orgullo por los logros ajenos. Es un recordatorio de que los éxitos de uno son motivo de alegría para todos.

**KVELL**

Sentir orgullo y alegría por el logro de otra persona. Es una expresión de alegría y satisfacción por las buenas noticias o logros de alguien.

**NACHES**

La profunda satisfacción y alegría que experimentas cuando ves los logros y éxitos de alguien cercano a ti. Se diferencia de *kvell* en que este primero se refiere a la sensación de alegría y satisfacción que experimentas cuando recibes reconocimiento público por tus logros. *Naches*, en cambio, es una emoción personal y privada que no se relaciona con logros efímeros, sino que perdura en el tiempo.

**FARGIN**

Sentimiento genuino y abierto de orgullo ante los logros de los demás. Se trata de sentirse realmente feliz y mostrar alegría sincera por los éxitos de otros, sin ningún tipo de envidia o resentimiento. Celebra los logros y las alegrías de quienes nos rodean.

## Las máscaras sociales:
## TATEMAE y HONNE

*Tatemae* es un término japonés que describe la máscara social que una persona lleva en situaciones formales o en público. Representa la imagen o conducta que mostramos al mundo exterior, según las normas sociales y las expectativas culturales.

Este concepto resalta el valor de la armonía social y espera que las personas mantengan una apariencia adecuada y respeten las convenciones sociales en contextos públicos. A menudo se contrasta con el *honne*, que se refiere a los verdaderos pensamientos y sentimientos.

La descripción de *tatemae* y *honne* señala cómo las personas pueden mostrar una cara externa (*tatemae*) que cumple con las expectativas sociales, mientras que sus verdaderos pensamientos y sentimientos (*honne*) pueden diferir. Comprender esta dualidad puede fomentar la empatía, ya que nos permite apreciar que las personas pueden estar lidiando con sus propias luchas internas, a pesar de lo que muestran en el exterior.

## JOUSKA:
## diálogos internos

*Jouska* describe una especie de conversación imaginaria que una persona sostiene consigo misma. Esta charla ficticia puede involucrar la exploración de diferentes escenarios, el abordaje de temas no resueltos o la expresión de pensamientos que normalmente no se comparten con los demás.

Este concepto acuñado por John Koenig en *The Dictionary of Obscure Sorrows* es una manera de reflexionar sobre uno mismo o tener un diálogo interno en el que se investiga ideas, emociones o situaciones desde el interior, a menudo con la intención de entender o resolver algo.

# SI HOY NECESITAS PAZ INTERIOR

La paz interior es como un refugio tranquilo dentro de nosotros. Nos ayuda a sentirnos equilibrados cuando enfrentamos desafíos y a apreciar lo bueno con calma. Encontrarla nos permite sentirnos tranquilos en medio del caos. Es como explorar y conocernos a nosotros mismos para sentirnos en paz, incluso cuando todo a nuestro alrededor está agitado.

**EMUNÁ:**
**encontrar la paz a pesar no tener todas las respuestas**

*Emuná* es una palabra hebrea que se traduce como «fe» o «creencia». No obstante, en el marco de la tradición judía, en especial dentro del contexto del judaísmo jasídico y la filosofía cabalística, *emuná* adquiere un matiz más complejo.

*Emuná* radica en depositar confianza en la guía y el cuidado divinos, incluso en situaciones de dificultad o incertidumbre. Está relacionada con la idea de liberarse de las preocupaciones y tener la certeza de que todo está bajo el control de lo divino. Superar las restricciones impuestas y los sentimientos de ajenidad, y promover la creencia en uno mismo, que no depende de la razón ni de imposiciones externas.

La *emuná* es una herramienta espiritual que gradualmente amplía nuestra conciencia. La idea radica en abrir nuestra mente hacia una realidad superior en lugar de moldear esa realidad para que encaje con conocimientos previos.

**EUNEIROPHRENIA:**
**el bienestar mental después de sueños placenteros**

La palabra *euneirophrenia* se deriva de dos componentes lingüísticos griegos: *euneiros*, (sueño) y *phrenia* (estado mental). Por lo tanto, la combinación de estos dos elementos representa el estado de tranquilidad mental y bienestar que se experimenta después de haber tenido un sueño. En otras palabras, se refiere a la calma y satisfacción que persiste en la mente después de haber tenido un sueño placentero.

**NIRVANA:**
**paz y liberación**

*Nirvana* es un estado de serenidad y felicidad perfecta. En la filosofía budista, el *nirvana* es el nivel más alto al que se puede llegar, un estado de claridad plena. En este estado, los deseos y las angustias individuales desaparecen.

La palabra *nirvana* tiene su origen en la iluminación espiritual. Viene del sánscrito y significa «extinción» o «desaparición». Lograr el *nirvana* supone dejar atrás sensaciones terrenales como el dolor y los deseos. A veces se utiliza coloquialmente para describir cualquier lugar de alegría. Este estado alterado de personalidad se caracteriza por la tranquilidad o una profunda felicidad espiritual. Las emociones negativas como la incertidumbre, la ansiedad y el miedo no existen en una mente iluminada por el *nirvana*.

La verdadera naturaleza del *nirvana* sigue siendo un misterio para aquellos que no lo han experimentado. Sin embargo, lo que sabemos con certeza es que significa el fin del sufrimiento y el ciclo de renacimiento.

**PAIHUEN:**
**lugar para estar en paz**

*Paihuen* es una palabra que proviene del mapudungun, el idioma de los mapuches, un pueblo indígena originario de Chile y Argentina. Se encuentra relacionado con la tierra, la naturaleza y el entorno. En el contexto mapuche, *paihuen* hace referencia a un lugar destinado al descanso. En estos espacios, las familias mapuches solían pasar momentos de tranquilidad.

En la actualidad, también puede ser nombrada, en otros contextos, para evocar la idea de un lugar de retiro, un espacio donde se busca introspección y paz.

## *La armonía de la paz interior*

La armonía de la paz interior es cuando te sientes tranquilo, sin preocupaciones ni estrés. Es como encontrar un equilibrio en tu mente y espíritu que te hace sentir bien contigo mismo.

**SHALOM** (hebreo)
Deseo de bienestar y armonía. También es utilizada para saludar y despedirse.

**CHOWA** (japonés)
Significa «armonía» o «equilibrio». Describe un estado de equilibrio y paz en las relaciones y en la vida.

**HÓZHǪ** (navajo)
Esta palabra encapsula la noción de estar en sintonía con el mundo y experimentar un estado de bienestar interior y exterior.

**KUKELURE:**
**profundizar en pensamientos de forma silenciosa**

*Kukelure* es una palabra de origen noruego que da cuenta de un estado de pensamiento reflexivo, a menudo ignorando lo que sucede alrededor y sin participar en ninguna actividad física o interacción social en ese momento. Se refiere a la acción de quedarse absorto en pensamientos mientras se permanece inactivo.

**DWAAL:**
**entre la realidad y la desconexión**

*Dwaal* proviene del *afrikaans*, un idioma hablado principalmente en Sudáfrica y Namibia. En este contexto, describe los momentos en los que nos quedamos mirando fijamente un punto sin realmente prestar atención a lo que sucede a nuestro alrededor. Es como estar absorto en tus pensamientos o en un estado de distracción inmutable.

Asimismo, puede referirse a una especie de ensimismamiento, una suspensión momentánea de la realidad, donde te encuentras perdido en tus propios pensamientos a menudo sin ser consciente de lo que está pasando a tu alrededor.

**MOKSHA:**
**el camino hacia la liberación**

*Moksha* es un concepto sánscrito que representa la liberación del ciclo de nacimiento y muerte (*samsara*). Este estado se considera el objetivo supremo de la vida humana. Simboliza la realización espiritual y la unión con lo divino.

Se cree que las personas están atrapadas en un ciclo de nacimiento, muerte y renacimiento y que el propósito de la vida es alcanzar *Moksha*, liberándose así de este ciclo y comprendiendo la verdadera naturaleza del ser. Para su logro se enfatiza en la importancia del conocimiento espiritual, la práctica de la virtud, la disciplina y la renuncia a los deseos terrenales. Una vez alcanzado se cree que el alma se libera de las limitaciones del cuerpo y se fusiona con la divinidad, encontrando paz eterna y unidad con el universo.

## *Conceptos del sánscrito para buscar la paz interior*

En sánscrito, una de las lenguas ancestrales de la India y una de las lenguas indoeuropeas más antiguas que se conocen, hay varios conceptos que se relacionan con la paz interior y el bienestar espiritual.

**SHANTI**

Significa «paz» y se usa comúnmente para desear paz y armonía a uno mismo y a los demás. También se refiere a la tranquilidad mental y emocional.

**SAMADHI**

Es un estado de meditación y absorción en el que la mente se libera. Representa un nivel profundo de paz interior y autoconciencia.

**ANANDA**

Se traduce como «felicidad». En el contexto espiritual, se refiere a una alegría interna y duradera que trasciende las fluctuaciones emocionales mundanas y contribuye a la paz interior.

**SANTOSHA**

Se refiere a la satisfacción por lo que se tiene en el presente. Busca la paz interior al liberarse de deseos insaciables y encontrar alegría en la simplicidad.

**VAIRAGYA**

Se traduce como «desapego» o «renuncia». En el contexto espiritual, se refiere a liberarse de los apegos mundanos y las preocupaciones materiales, lo que conduce a una mayor tranquilidad y paz interior.

**SAT-CHIT-ANANDA**

Combina tres palabras: *sat* (verdad), *chit* (conciencia) y *ananda* (felicidad). Juntas, es la verdadera naturaleza de uno mismo y la realización de la felicidad y la paz interior inherentes a esa naturaleza.

**STHIRA**

La destreza de «mantener una posición estable», es decir, mantener el cuerpo, la energía y la mente en equilibrio durante un periodo prolongado.

## SOFROSINA:
## equilibrio y autocontrol

*Sofrosina* es una expresión originaria del griego antiguo que puede traducirse como «autocontrol» o «equilibrio». Alude a la virtud de ejercer un control y equilibrio sobre los deseos y apetitos, evitando excesos o carencias en la búsqueda de placeres y satisfacciones. Esta cualidad exige una autodisciplina equilibrada que nos habilita a tomar decisiones sensatas y a actuar con prudencia, preservando un estado de tranquilidad interior. La *sofrosina* juega un rol esencial en la formación de un carácter virtuoso y en la búsqueda de la armonía.

## PRONOIA:
## una perspectiva positiva

*Pronoia* proviene de dos palabras griegas, *pro* (antes o a favor de) y *noia* (mente o pensamiento). Aborda una visión positiva y la percepción de que el universo o el mundo actúan a favor de nosotros. En contraposición a la *paranoia*, sospecha de conspiración en contra de uno mismo, la *pronoia* sugiere la creencia en que las circunstancias y los sucesos están sincronizados para favorecer y asistirnos.

La *pronoia* puede ser comprendida como un enfoque optimista hacia la vida, incluso los desafíos y obstáculos son interpretados como oportunidades para evolucionar y aprender.

## *Los siete principios de la filosofía* **HUNA**

La filosofía *huna* es la enseñanza espiritual sagrada que proviene de Hawái y la antigua Polinesia. Su significado radica en lo «secreto», lo «oculto» que no se percibe a simple vista. Esta filosofía se alcanza a través de la práctica de sus siete principios. Aunque no es tan reconocida como otras filosofías orientales como el budismo o el taoísmo, los principios fundamentales de *huna* han atraído a aquellos interesados en el crecimiento personal y espiritual.

### IKE

Sostiene que el mundo es lo que uno cree que es. Nuestra percepción está moldeada por nuestras creencias y pensamientos, además de las creencias colectivas de los grupos a los que pertenecemos.

### KALA

Nos recuerda que no hay límites reales en lo que podemos lograr. Muchas veces nuestras limitaciones son autoimpuestas, y liberarnos de ellas puede conducir a un mayor crecimiento y éxito.

### MAKIA

Se relaciona con la atención. Sugiere que la energía sigue la dirección de nuestros pensamientos y enfoque, por lo que concentrarnos en lo que deseamos puede atraerlo hacia nosotros.

### MANAWA

Subraya la importancia del presente. El poder de cambiar y crear reside en el momento actual, y es crucial aprovecharlo.

**ALOHA**

En hawaiano, *aloha* tiene diversos significados, uno de ellos es «amar es ser feliz con». Ve el amor como una energía poderosa y equilibrante.

**MANA**

Sugiere que todo el poder proviene de nuestro interior. Confiar en nuestra intuición y conocimiento interno es esencial.

**PONO**

Sostiene que lo efectivo es la medida de lo correcto. En lugar de basarnos en las creencias y experiencias de otros para definir nuestra realidad, debemos explorar y discernir lo que es válido para nosotros y nuestra verdad.

La filosofía *huna* aboga por la autenticidad y el poder del individuo para moldear su realidad a través de la comprensión de sus principios y la práctica de la espiritualidad.

**IRUSU:**

**fingir que no estás en casa**

*Irusu* es un término japonés que se refiere a la acción de fingir que no se está en casa cuando alguien toca a la puerta, es habitual que sea por cortesía o para evitar una interacción no deseada. En este sentido, *irusu* podría verse como una expresión de empatía hacia uno mismo y hacia el otro, al evitar una situación potencialmente incómoda o indeseada.

# SI HOY NECESITAS UN PROPÓSITO

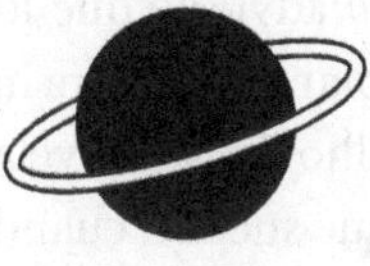

Tener un propósito, objetivo o ilusión es como tener una brújula que nos guía. Nos ayuda a saber qué dirección tomar y nos da una razón para esforzarnos. Es como tener un destino en mente y un sueño que nos inspira. Estos elementos nos dan energía y nos hacen más fuertes para enfrentar obstáculos en nuestro camino.

**MAKTUB:**
**el destino que está escrito**

*Maktub* es una palabra árabe que se traduce como «está escrito» o «está destinado». Expresa la creencia en el destino o en la idea de que ciertos eventos o situaciones sucederán de acuerdo con un plan divino. En contextos literarios o espirituales, *maktub* advierte que lo está por ocurrir no se puede evitar o cambiar. La palabra ha sido popularizada por el autor Paulo Coelho en su novela *El alquimista*, en esta historia cada cosa que sucede, cuando sucede, tiene un propósito.

**KAIRÓS:**
**el momento justo**

*Kairós* es una palabra que procede del griego antiguo *καιρός* y significa «el momento adecuado». Se refiere a tratar de encontrar el momento justo para hacer lo importante. Imagina que es como cuando tienes una oportunidad perfecta para tomar decisiones o actuar. No es solo sobre cuánto tiempo pasa, sino sobre elegir el momento exacto cuando todo encaja sin contratiempos.

Otra palabra que los griegos tenían para referirse al tiempo era *cronos* (*χρονοσ khrónos*), asociada con el tiempo cuantitativo y lineal. Se refiere al tiempo medido en unidades, como horas, minutos y segundos. Es la noción de tiempo continuo y secuencial que usamos en la vida diaria para programar eventos y medir duraciones.

La relación entre *kairós* y *cronos* radica en la perspectiva del tiempo. Mientras *cronos* se enfoca en la duración y la secuencia, *kairós* se centra en la oportunidad y la calidad de un momento.

### KAIZEN:
### mejora gradual y constante

La filosofía *Kaizen* es una metodología para la constante evolución. Es una palabra japonesa que combina *kai* (cambio) y *zen* (mejora). En la actualidad, se refiere a un sistema de mejora continua en el que las mejoras constantes, aunque pequeñas, generan beneficios notables a largo plazo.

Esta filosofía se aplica tanto en ámbitos personales como profesionales, se centra en realizar ajustes y refinamientos mínimos y constantes en procesos, productos o rutinas para lograr mejoras significativas y sostenibles. En contextos empresariales, *Kaizen* se relaciona con optimizar procesos, reducir desperdicios y lograr eficiencia. Asimismo, se aplica al desarrollo personal y fomenta el crecimiento mediante pequeñas modificaciones en hábitos y rutinas.

La esencia del *Kaizen* reside en la noción de que incluso los cambios más pequeños pueden acumularse y generar avances considerables con el tiempo, y contribuye a impulsar resultados positivos y un progreso constante.

### HENKO:
### la transformación sin retorno

El término *henko* describe una transformación irreversible. Esta palabra se compone de *hen* (cambio) y *kō* (con nueva luz). Nos ayuda a comprender que todo experimenta un cambio, incluso nuestras percepciones y la forma en que interpretamos el mundo.

Existen pocas palabras que capturen conceptos tan fundamentales como *henko*, la habilidad de adaptarnos, evolucionar y expandir nuestra consciencia. Todo ello es esencial para superar desafíos y salir fortalecidos de las situaciones difíciles.

*Henko* no solo subraya la naturaleza cambiante de todo, sino que también revela que nuestras percepciones evolucionan. A veces, un giro interior es lo que se requiere para que todo cambie.

**HWYL** (galés)
Señala un entusiasmo, motivación y energía. Se utiliza para describir una sensación de emoción y pasión enérgica hacia algo.

**BAYANIHAN** (tagalo)
Esfuerzo cooperativo en aras de un objetivo común. Espíritu de unidad y colaboración en una comunidad.

**ISHINFURAN** (japonés)
Significa «poner el corazón y el alma en algo que vas a hacer». Representa un compromiso entusiasta hacia una tarea u objetivo.

**ANSHA-ALLAH** (árabe)
Es una expresión que significa «si Dios quiere». Expresa un deseo esperanzador, a menudo en relación con eventos futuros.

**ERLEBNISSE** (alemán)
Experiencias conmovedoras que sentimos intensamente. Estas pueden ser tanto positivas como negativas y tienen un impacto importante en nuestras vidas.

**NASEBA NARU** (japonés)
Si uno se esfuerza o toma medidas para lograr algo, es más probable que alcance su objetivo. Sugiere que la acción y la dedicación pueden llevar al éxito.

**CHÍN MUỒI** (vietnamita)
Momento en el que algo ha alcanzado su máxima madurez. Esta expresión refleja los logros obtenidos a través del esfuerzo y nos recuerda que la perfección no existe, sino que lo importante es el crecimiento continuo.

*Despertar deseos*

La ilusión por alcanzar objetivos nos impulsa a trabajar duro para lograr lo que deseamos. Nos inspira a superar obstáculos y nos recuerda que, a pesar de las dificultades, el camino hacia nuestras metas merece la pena.

**MAGARI** (italiano)
Se traduce como «posiblemente». Lleva consigo un matiz de deseo esperanzado.

**BELUM** (indonesio)
Se traduce como «todavía no». Connota posibilidad. A menudo se nombra cuando se habla de deseos y expectativas.

**AVOS** (ruso)
Tener fe, confianza o esperanza en la suerte, la casualidad o el destino.

**ONDINNONK** (iroqués)
Los deseos o anhelos secretos e íntimos del alma. Encapsula los anhelos internos y personales que tienen un significado especial para cada quien.

**OJALÁ**
Deseo o esperanza de que algo ocurra o sea cierto.

**ENTELEQUIA:**
**la perfección imaginaria**

El término griego *entelequia* encuentra sus raíces en el mundo de la filosofía, es frecuente en las obras de Aristóteles. Se relaciona con el potencial innato y los objetivos que todos los seres buscan. Este concepto da cuenta del esfuerzo constante para alcanzar la perfección o completitud.

En algunas ocasiones, *entelequia* describe lo que imaginamos de manera perfecta, pero que tal vez no pueda existir. Esta idea suma al concepto de *entelequia* unos lazos con la imaginación, con aquello que no podemos alcanzar en la realidad.

**LING DI LONG** (galés)
Estado de letargo y falta de propósito. Sensación de indiferencia y languidez, como vagar sin rumbo ni objetivo.

**LUCHTKASTEEL** (neerlandés)
Significa «castillo en el aire». Describe una idea o plan que es poco realista o que no tiene fundamentos sólidos, similar a construir castillos en el aire.

## METATESIOFOBIA:
### el temor a avanzar

La *metatesiofobia* es un término que se emplea para señalar el miedo excesivo y duradero a los cambios. Las personas que padecen esta fobia experimentan una sensación intensa y desproporcionada de ansiedad ante la perspectiva de que las circunstancias, los lugares o las situaciones evolucionen. Esta aprensión puede repercutir en varios aspectos de la vida, desde personales hasta modificaciones en el ámbito laboral o social.

## IKIGAI:
### encontrar significado y propósito en la vida

*Ikigai* es un concepto japonés que combina las palabras *iki* (vida) y *gai* (razón o valor), y se traduce como «la razón de ser» o «la razón de vivir». Se refiere a encontrar un sentido de plenitud y satisfacción al alinear cuatro elementos principales: lo que amamos hacer, lo que somos buenos haciendo, lo que el mundo necesita y lo que podemos ser recompensados por hacer. Es la unión de estas cuatro áreas lo que proporciona un sentido de propósito, felicidad y realización. El *ikigai* es encontrar equilibrio y armonía entre estas dimensiones para experimentar una vida significativa y llena de sentido.

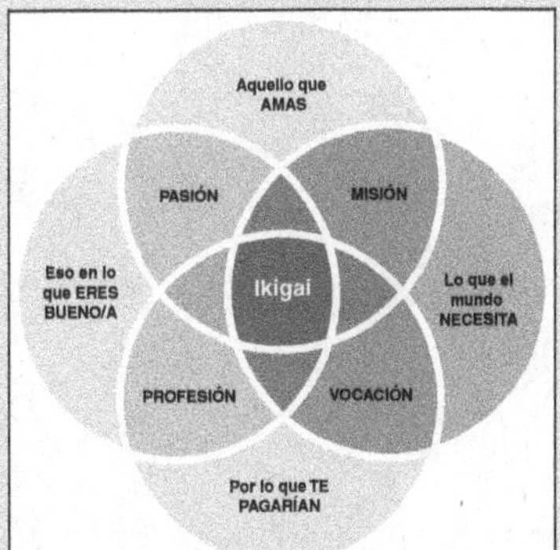

En el libro *Ikigai*: *Los secretos de Japón para una vida larga y feliz* de Héctor García y Francesc Miralles, se presentan diez reglas que pueden ayudar a cualquier persona a descubrir su propio *ikigai*:

- Mantente activo y no te retires prematuramente.
- Adopta un ritmo de vida más pausado y deja atrás la urgencia constante.
- Come hasta que estés lleno al 80 por ciento, practica la moderación.
- Cultiva amistades cercanas y rodéate de buenos amigos.
- Mantente en forma haciendo ejercicio diario y suave.
- Sonríe y muestra reconocimiento a las personas que te rodean.
- Vincúlate a la naturaleza y disfruta de su belleza.
- Practica la gratitud por todo aquello que te alegra el día y te hace sentir vivo.
- Vive en el presente y disfruta cada momento.
- Sigue tu *ikigai*, tu pasión y propósito en la vida.

# SI HOY NECESITAS ENTENDER A LOS DEMÁS

La personalidad es lo que nos hace únicos. Es cómo somos, cómo pensamos y cómo actuamos. Se desarrolla desde que nacemos y se moldea por nuestras experiencias. En culturas antiguas como la griega, reconocían la importancia del *êthos*, el conjunto de valores, principios morales y comportamientos que se desarrollan a lo largo del tiempo y que cincelan la personalidad y la identidad de una persona o comunidad.

El modelo de los cinco grandes rasgos de personalidad o Big Five de Paul Costa y Robert McCrae es una forma de entenderla en pocas dimensiones clave. Estas dimensiones son la apertura a nuevas experiencias: la amabilidad, el neuroticismo, la apertura a la experiencia, la responsabilidad y la extraversión. Comprenden un amplio espectro de las mismas, engloban desde la posesión de tal personalidad como la carencia de ella. Cada persona tiene una combinación única de estos rasgos, lo que nos ayuda a comprender mejor cómo se comportan y reaccionan ante diferentes situaciones.

## *Amabilidad*

La amabilidad es uno de los rasgos de la personalidad que revela cómo las personas interactúan. Aquellas con alta amabilidad tienden a ser consideradas, cooperativas y comprensivas. Les importa cómo se sienten los demás y están dispuestas a ayudar. Las personas con baja amabilidad pueden parecer más distantes o egoístas.

**BONHOMIE** (francés)
Virtud de bien. Es una cualidad de la personalidad, un rasgo visible en el comportamiento. Las personas con bonhomía actúan de manera solidaria, altruista, compasiva y honesta. La bondad y el altruismo son valores implícitos.

**BESA** (albanés)
Es un mandamiento cultural en Albania, se traduce como «fe» o «juramento», significa «promesa de honor» y exige ser fiel a las propias palabras, ser leal. *Besa* supone obligaciones para con la familia y los amigos, requiere un compromiso inherente, lealtad y solidaridad en la conducta para con los demás. Está contenido en el *Kanun*, el derecho consuetudinario del pueblo albanés.

**QUIJOTE**
Una persona que tiene ideales elevados y se esfuerza por defender causas nobles y justas, aunque no estén relacionadas con sus propios intereses. También puede referirse a la pieza de una armadura que cubre el muslo.

**INUUQATIGIITTIARNIQ** (inuit)
Alegría profunda y sentido de satisfacción que se experimenta al hacer algo por el bienestar de los demás.

**MAGNÁNIMO**
Persona generosa y bondadosa.

**CALUGUIENTO**
Persona que muestra excesiva ternura y cariño.

**JATORRA** (vasco)
Alguien genuino, simpático, confiado, veraz y agradable.

**PIZPIRETA**
Persona alegre, animada y vivaz.

**MELIFLUO**
Que tiene miel o se asemeja a ella en sus propiedades. Se aplica al modo de hablar o al trato que es dulce, tierno, suave y delicado. Se refiere a una persona de tales rasgos, en especial, en cuanto a la voz o el lenguaje.

**SCHEIẞFREUNDLICH** (alemán)
Alguien que es excesivamente amigable o amable de una manera molesta o falsa. Es una expresión coloquial para referirse a quien muestra una actitud amistosa, pero con intenciones cuestionables.

**ENERGÚMENO**
Persona enfurecida que grita enérgicamente.

**ZAMACUCO**
Persona que, con disimulo, siempre hace su voluntad.

**PERILLÁN**
Persona astuta y maliciosa, a menudo arreglada.

**MASTUERZO**
Persona bruta, torpe y cabezota.

**GAZMOÑO**
Persona que finge devoción o escrúpulos.

**AGALLÚ**
De carácter beligerante o agresivo.

**AVINAGRADO**
Persona agria o poco agradable. También indica que algo tiene vinagre o exceso del mismo.

**SIÚTICO**
Se usa en Chile para describir a una persona pretenciosa, que busca aparentar una educación o cultura que en realidad no posee.

**CACHETERO**
En Puerto Rico define a una persona que se beneficia o saca provecho de los demás de manera oportunista.

**BADULAQUE**
No tiene nada que ver con ningún tipo de comercio reflejado en la popular animación *Los Simpson*. Se usa para referirse a una persona que es informal e inconsistente.

**CACASENO**
En siglos pasados, la palabra *cacaseno* refiere a los personajes de la obra del italiano Julio Cesar Della Croce, *Bertoldo, Bertoldino y Cacaseno* como un hombre simple o estúpido. Este registro continuó prácticamente hasta el siglo xx, pero *cacaseno* ya no estaba en el diccionario. Fue reintroducida en el diccionario en

2001, pero esta vez en el sentido de «hombre vil y estúpido», y el concepto se ha mantenido hasta el día de hoy.

**BRAGGADOCIO** (inglés)

Que es jactancioso o arrogante.

**FAUTOR**

Que favorece y ayuda a otra persona. Se usa en un sentido despectivo.

**PIJOTERO**

Persona que causa hastío o molestia, frecuentemente por poner pegas a todo.

**OCOTITO**

Persona que fomenta discordias.

**ELATO**

Altivo, presuntuoso, soberbio.

*Neuroticismo*

El neuroticismo se refiere a la tendencia a experimentar emociones negativas de manera más intensa y frecuente. Puede conducir a preocupaciones y desequilibrio emocional cuando es significativa. En contraste, aquellas personas con bajo neuroticismo tienden a ser emocionalmente más estables y capaces de manejar mejor el estrés.

**HISTRIÓN**
Persona que se expresa con afectación o exageración propia de un actor teatral.

**ARROUTADA** (gallego)
Actuar de manera impulsiva. Momento de desconcierto en el que te comportas de forma inesperada, a menudo perdiendo el control de ti mismo o realizando acciones inapropiadas e irracionales.

**SIBILINO**
Alguien que es astuto, que tiende a comportarse de manera misteriosa u oscura.

**ZOILO**
Crítico presumido y maligno censurador o murmurador de las obras ajenas.

**PAROXISMO**
Grado de mayor exaltación de un sentimiento, un estado de ánimo o una sensación.

**PAZGUATO**
Persona que se extraña o se escandaliza por cualquier cosa que ve u oye.

**AFILIGRANADO**

Dicho de una persona o cosa pequeña, muy fina y delicada.

**PERDULARIO**

Persona muy descuidada o desaliñada.

**ZALAMERO**

Alguien que halaga a otra persona en exceso, por lo general con el fin de obtener algún beneficio o favor.

**PETIMETRE**

Que se preocupa demasiado por su apariencia o vestimenta según la moda.

**ESTÓLIDO**

Que no comprende o no discurre.

**ORATE**

De juicio limitado o no estable mentalmente.

**PELELE**

Débil, manipulable o fácilmente influenciable.

**FACTÓTUM**

Persona de plena confianza de otra que desempeña diversas funciones.

**KONFLIKTFÄHIGKEIT** (alemán)

Habilidad para gestionar conflictos interpersonales de manera constructiva, sin involucrarse emocionalmente.

**JAI YEN** (tailandés)

Refleja una característica cultural distintiva. Se traduce literalmente como «corazón frío» y representa una cualidad que todos aspiran a mantener: una serenidad tranquila.

**BOQUIFRESCO**

Persona que, con calma y sin miedo, expresa verdades incómodas.

**COGITABUNDO**

Persona profundamente pensativa o reflexiva.

## *Apertura a la experiencia*

Apertura a la experiencia es un rasgo que revela si a alguien le gusta probar cosas nuevas y pensar de manera creativa. Las personas con alta apertura a la experiencia son curiosas y están dispuestas a probar diferentes formas de vivir. Las que tienen baja apertura a la experiencia prefieren lo que ya conocen y son más tradicionales.

**NEFELIBATA**

Que vive en las nubes o tiene la cabeza en las nubes, es decir, alguien que está absorto en sus pensamientos o en su propia imaginación de una manera despreocupada.

**DILETANTE**

Que muestra interés y pasión por una o varias artes o disciplinas del conocimiento.

**ERUDITO**

Que posee un amplio conocimiento y cultura en una o varias áreas del saber.

**CULTIPICAÑO**

Culto y picaresco conjuntamente.

**RESABIADO**

Describe a una persona astuta, sagaz o que tiene experiencia y conocimiento de la vida.

**AGIBÍLIBUS**

Maña y destreza para desenvolverse o manejar las dificultades, a veces con picardía y creatividad.

**SABIDOR**
Sabio, entendido en alguna materia.

**PIHENTAGYU** (húngaro)
Significa «cerebro bien descansado». Se refiere a personas ingeniosas que inventan chistes y soluciones de forma rápida y sofisticada.

**BUSCAVIDAS**
Persona demasiado curiosa en averiguar las vidas ajenas.

**TIQUIS MIQUIS**
Que tiene reparos a hacer algo, aunque sus motivos son insignificantes y carecen de fundamento real.

**CAGAPRISAS**
Impaciente, quien tiene prisa siempre.

**ABLANDABREVAS**
Persona sin determinación.

**RENUENTE**
Quien muestra resistencia o falta de disposición a hacer algo. Cerrado a la experiencia.

**ZOQUETE**
Persona con dificultad para comprender, incluso lo más sencillo.

**RELUCTANCIA**
Falta de disposición o entusiasmo para hacer algo, usualmente debido a la duda o la resistencia.

*Responsabilidad*

La responsabilidad es un rasgo que describe cómo alguien cumple con sus compromisos y se organiza en su vida. Las personas altamente responsables son detalladas y confiables, mantienen sus promesas y tienen un fuerte sentido del deber en el trabajo y en las relaciones. Aquellas con baja responsabilidad pueden ser menos confiables y tener dificultades para mantenerse organizadas en su día a día.

**INEXORABLE**
Es una persona que no cede a nada que lo desvíe de su camino.

**MORIGERADO**
Persona que es disciplinada, comedida y de costumbres.

**MAJIME** (japonés)
Persona seria y responsable. Alguien confiable a quien le gusta hacer lo correcto.

**ACATES**
Extremadamente fiel y leal.

**ZASCANDIL**
Persona traviesa o juguetona, a veces con connotaciones de poca seriedad.

**MERLUZO**
Necio, que se muestra torpe.

**ENGENTADO**
Perezoso, desganado o sin energía.

**ALCORNOQUE**

Puede referirse a un tipo de árbol de hoja perenne originario de Europa y del norte de África y cuyo fruto es la bellota. Asimismo, nos podemos referir a una persona ignorante o necia. Con igual sentido, se suele utilizar la expresión «cabeza de alcornoque» cuando una persona es despistada o poco inteligente.

**GAZNÁPIRO**

Tosco e ingenuo.

**ZAINO**

Desleal o poco seguro en el trato.

**PÉRFIDO**

Desleal, infiel, traidor, que falta a la fe que debe.

**MUÉRGANO**

Es un término coloquial en español que se utiliza para referirse a una persona grosera y deshonesta.

**MANGARRÁN**

Que muestra falta de energía, iniciativa o pereza, y a menudo desganada.

**CAMAJÁN**

Persona perezosa que se las arregla para vivir a expensas de los demás.

**CHIQUILICUATRE**

Arrogante y de escasa formalidad o sensatez.

**INANE**

Incapaz de lograr el resultado deseado o que no es eficiente en su propósito; que carece de eficacia o utilidad.

**TIDSOPTIMIST** (sueco)

Que siempre llega tarde.

**RASTACUERO**

Dicho de una persona inculta y vividora.

**CASQUIVANO**

Alguien que es relajado y despreocupado, que actúa sin mucha seriedad ni formalidad. También, aquel que coquetea y establece relaciones sin un compromiso serio.

**FARAMALLA**

Charla artificiosa encaminada a engañar.

**ZAPEROCO**

Desencadenar una riña, alboroto o pelea entre dos o más personas.

**SICOFANTA**

Impostor, calumniador.

*Extraversión*

Los extrovertidos son sociables y energéticos, disfrutan de la compañía y se sienten cómodos en grupos. Los introvertidos son más reservados y prefieren la tranquilidad. La mayoría de las personas están en algún lugar intermedio, con características de ambos rasgos según la situación.

**KOKUSAIJIN** (japonés)
Un «ciudadano internacional»; alguien que es adaptable y tiene una mente abierta.

**ELOCUENCIA**
Capacidad de comunicarse de manera efectiva y persuasiva, expresándose con fluidez, propiedad y convicción.

**BARBIÁN**
De carácter desenvuelto y amigable.

**FACUNDIA**
Capacidad de hablar o expresarse de manera fluida, elocuente y con facilidad.

**POCHEMUCHKA** (ruso)
Quien hace muchas, muchas preguntas.

**MIRÍFICO**
Algo o alguien maravilloso, asombroso o extraordinario.

**ESTAFERMO**
Persona que queda ensimismada o absorta.

**AGUAJIRADO**
Persona tímida en su comportamiento.

**GARLO**
Persona que emite muchos sonidos o habla en exceso, sin interrupción y poco discretamente.

**ENSIMISMADO**
Persona absorta en sus propios pensamientos, sumergida en sí misma.

**TACITURNO**
Quien es reservado, silencioso y de pocas palabras. Introvertido.

**CANSALMAS**
Que agota o aburre con su actitud o conversación repetitiva y monótona.

**PATIDIFUSO**
Que está tan sorprendido o atónito que queda momentáneamente sin palabras.

**ZAMUJO**
Dicho de una persona vergonzosa, retraída o poco habladora.

# SI HOY NECESITAS BELLEZA

La belleza es ese chispazo que te alegra o ensancha el corazón, que te hace sonreír sin darte cuenta. Puede ser una puesta de sol increíble o hasta un simple gesto amable. Es aquello que te hace sentir bien por dentro.

Las palabras que expresan lo que es bello son magia verbal. Cada una tiene su propio estilo y sabor, pero todas se refieren a esa sensación especial cuando ves algo que te gusta mucho. Imagina que cada palabra de este capítulo es como una pintura en un museo, y juntas logran decir algo que es bonito en todos los idiomas. Como si cada palabra nos mostrara una forma diferente de ver lo genial que puede ser el mundo.

**RAMÉ:**
**la belleza conjunta**

*Ramé* brota en medio del caos, es la unión de coraje, amor y sueños por alcanzar. Abraza todo lo que agita tus sentidos y te despierta, es el ímpetu que te empuja a desplegar tus alas y aventurarte a vivir plenamente.

Este término, nacido en el corazón del océano Índico, en un rincón de dialecto balinés, es difícil de capturar con palabras precisas. Su esencia reside en la armonía de lo caótico y lo hermoso, dos lados de una misma moneda. Uno no podría existir sin el otro.

En este sentido, *ramé* es un reflejo de la vida misma, un caleidoscopio de momentos hermosos e impredecibles. Lo percibimos en la transformación de una mariposa, una danza de complejidad y renovación. Lo respiramos en la pasión de una tormenta de verano y lo experimentamos en cada cambio que, aunque nos sacuda al principio, nos impulsa a crecer y evolucionar.

*Palabras del castellano que reflejan belleza*

**SUBLIME**

Algo que es excepcionalmente hermoso y despierta una honda emoción.

**PRIMOR**

Cosa de gran belleza o elaborada con destreza, atención y delicadeza.

**REFULGENTE**

Que brilla con intensidad.

**INEFABLE**

Describe algo que es tan extraordinario, impresionante o asombroso que no puede ser expresado adecuadamente con palabras. Se refiere a experiencias, sensaciones o bellezas que son tan abrumadoras que escapan a la capacidad del lenguaje para describirlas plenamente.

## YŪGEN:
## la belleza en la cultura japonesa

*Yūgen* es una palabra japonesa que encierra una sensación de misterio, belleza y asombro ante la naturaleza y el universo. Se trata de un término poético que evoca una apreciación profunda de lo sutil, lo sublime y lo enigmático.

Dentro de la estética japonesa, *yūgen* se refiere a la belleza que trasciende lo superficial. Es la comprensión de que en una experiencia o en una obra de arte hay más de lo que se percibe a simple vista, y es precisamente esta complejidad lo que la hace realmente hermosa y trascendente. *Yūgen* también se relaciona con la sabiduría oculta o el conocimiento y comprensión que va más allá de las apariencias superficiales.

**ZIBA** (persa)
Significa «hermoso» o «bello». Nombra la belleza de personas, objetos o paisajes.

**KAWAII** (japonés)
Se dice de alguien lindo o tierno. Es una palabra popular en la cultura japonesa y expresa aprecio por cosas que se consideran encantadoras o adorables.

**MAMPEMURRUWURLMURRUWURL** (murrinhpatha)
Embellecer el cabello de alguien.

**BELDAD**
Belleza de una persona, en específico la belleza notable de una mujer. El poeta Victor Hugo utilizó la palabra en algunos de sus poemas: «ser feliz aspirando el aire mismo que aspira la beldad encantadora».

**RASHKE-QAMAR** (urdu)
Quien es tan hermoso que hasta la luna siente envidia de su belleza.

**SHĚNMĚI PÍLÁO** (chino)
Estéticamente fatigado; estar expuesto a tanta belleza que ya no se valora.

**KITSCH** (alemán)
Objetos que poseen una belleza o atractivo superficial o ilusorio, pero son valorados y apreciados.

**SHIBUI** (japonés)
Una estética particular de belleza simple, sutil y discreta.

**QURUX** (somalí)
Abarca tanto la belleza física como la elegancia y el atractivo personal. Puede referirse tanto a personas como a objetos o paisajes.

**WOKONGOLA** (chichewa)
Se utiliza para describir a alguien o algo que posee una belleza destacada, ya sea física o interna.

**KALOKAGHATÍA:**
**la belleza de la bondad**

*Kalokagathía* proviene de la fusión de las palabras griegas *kalós* (bello) y *agathós* (bueno). Para los antiguos griegos esta palabra representaba el ideal de perfección, donde la belleza externa se fusiona armoniosamente con la bondad y los valores. Sugiere que quien es hermoso también debe poner en valor la virtud y la moral. *Kalokagathía* resalta la importancia de la integridad y la belleza en todas las dimensiones de la vida.

# SI HOY NECESITAS SENTIRTE ETERNO

La eternidad es como un poema que nunca termina, donde los momentos se extienden infinitamente. Es como una canción que siempre suena, más allá de la vida. En la eternidad, los sueños y los recuerdos se entrelazan en un baile sin fin. Es la unión de lo pasado, presente y futuro en un abrazo que no podemos comprender por completo.

Las palabras que intentan describir la eternidad son como luciérnagas en la noche, tratando de iluminar algo que es indescriptible. Cada palabra es un destello en el vasto cielo del lenguaje, intentos por asir la belleza atemporal de lo eterno. Estas palabras nos invitan a soñar con la inmortalidad y a explorar la hondura de la existencia desde la magia de la expresión.

**EVITERNO**
Que, habiendo comenzado en el tiempo, no tendrá fin.

**SEMPITERNO**
Que durará siempre; que, habiendo tenido principio, no tendrá fin.

**IMPERMANENCIA**
Todo en la vida está en constante cambio. Esta idea sugiere que nada permanece igual y que todo, ya sean personas, objetos, situaciones o emociones, evoluciona y se transforma con el tiempo. Nos recuerda que nada es eterno, y que debemos adaptarnos a los cambios.

**INCONMENSURABLE**
Incalculable o inmedible, por lo general debido a su grandeza, magnitud o importancia excepcional.

**INDELEBLE**
Aquello permanente o imborrable, como recuerdos, impresiones o marcas que perduran en la memoria o en la superficie de algo.

**PERENNE**
Constante, duradero y que se mantiene a lo largo del tiempo.

**IN AETERNUM:**
**sin límite de tiempo**

*In aeternum* es una locución latina que se traduce como «por toda la eternidad» o «por un tiempo infinito». Se utiliza para indicar que algo perdurará sin límite de tiempo o que tendrá una duración infinita. A menudo, se encuentra en contextos religiosos para señalar la vida eterna o enfatizar la durabilidad o permanencia de algo. En votos matrimoniales, expresa el compromiso de amor duradero entre los contrayentes. También se encuentra en contextos literarios y poéticos para resaltar la idea de la eternidad o la inmortalidad.

**MEMENTO MORI:**
**la inevitabilidad de la muerte**

*Memento mori* es una expresión en latín que se traduce como «recuerda que morirás» o «recuerda tu mortalidad». Su propósito es recordarnos que la vida es fugaz y que la muerte es inevitable para todos. Este recordatorio nos insta a valorar el tiempo que tenemos y a vivir de manera significativa.

A lo largo de la historia, *memento mori* ha sido representado en diversas formas artísticas, pinturas, esculturas y objetos simbólicos. Esta expresión está vinculada a la filosofía estoica y ha sido un tema recurrente en la literatura y la cultura.

**BEOCHAOINEADH** (irlandés)
Describe el acto de lamentar o brindar un tributo doloroso a alguien que todavía está vivo pero que se ha ido emocionalmente o se extraña. Es un término que captura la sensación de pérdida y nostalgia por la ausencia de una persona, a pesar de que siga presente.

**EIDOLON** (griego)
Imagen o fantasma, una aparición espectral o una representación idealizada de algo.

**NEPAKARTOJAMA** (lituano)
Lo que es completamente único e irrepetible. Esta palabra subraya la singularidad y la imposibilidad de duplicar o replicar algo debido a su carácter excepcional.

**THUKDHAM** (tibetano)
También conocida como *tukdam*, esta práctica es una tradición tántrica budista tibetana en la que los meditadores avanzados pueden, después de la muerte, meditar de tal manera que detienen o previenen la descomposición de su cuerpo.

**VAJRA** (sánscrito)
Se suele interpretar como «diamante» o «rayo». Representa la extrema solidez, la eterna durabilidad. El *Vajra* es indestructible y simboliza el poder espiritual que tiene la capacidad de destruir, pero no puede ser aniquilado.

**YUPUTKA** (ulwa)
Sensación fantasma de algo arrastrándose sobre tu piel cuando no hay nada sobre esta.

**HALLOWEEN:**
**una noche mágica**

*Halloween* proviene de la expresión en inglés antiguo *All Hallows' Eve,* que significa «Víspera del Día de Todos los Santos». La tradición de Halloween se ha visto influida por elementos de antiguas tradiciones paganas celtas, como *Samhain*, que marcaba la transición entre el verano y el invierno. Los celtas creían que, en la víspera de *Samhain*, la línea entre el mundo de los vivos y el de los espíritus se volvía más delgada, permitiendo que los espíritus de los difuntos regresaran. Esto tuvo un impacto, y así asociamos Halloween con fantasmas y seres sobrenaturales.

Cuando los colonizadores europeos llegaron a América del Norte, estas costumbres cambiaron, adoptando, por ejemplo, el tallado de calabazas o la costumbre de pedir dulces de puerta en puerta, conocida como *truco o trato.*

## *Más allá de la vida en el antiguo Egipto*

En la antigua civilización egipcia la visión de la naturaleza humana era espiritual y estaba vinculada a las nociones de muerte y eternidad. Los egipcios creían que el alma de una persona estaba conformada por múltiples partes que persistían más allá de su fallecimiento, asegurando así su trascendencia a la vida eterna.

**BA**

Es una parte del alma egipcia que se consideraba como una entidad espiritual única y personal. Se creía que el *ba* representaba la individualidad y la personalidad de una persona. Después de la muerte, el *ba* se separaba del cuerpo y continuaba existiendo de manera independiente.

**REN**

Se refiere al nombre de una persona y se considera una parte integral de su ser. El *ren* tenía un poder especial, ya que se pensaba que el individuo solo podría alcanzar la vida eterna si su nombre se pronunciaba y se recordaba en el más allá.

**KA**

Es la esencia de la vida y lo que distingue a un ser vivo de uno muerto. En la creencia egipcia el *ka* era una parte vital del ser y se representaba como una especie de «doble» espiritual de una persona.

**AKH**

Representa el pensamiento e intelecto, además de ser considerado como el alma duradera que se reanima después de la muerte a través de la unión del *ba* y el *ka*.

**SHEUT**

Hace referencia a la sombra o la silueta, y señala la sombra de la muerte que siempre está presente.

## *Abuelismos*

Los *abuelismos* son las palabras y frases que los abuelos usan y que pueden sonar un poco diferentes a cómo hablamos hoy en día. Son como pequeños tesoros de sabiduría que los abuelos nos comparten.

**HACER DE TRIPAS CORAZÓN**
Hacer un sacrificio personal para llevar a cabo una tarea desagradable debido a su dificultad o a las emociones negativas que genera.

**SOPONCIO**
Describe una sensación repentina de malestar, calor intenso o desvanecimiento. Está relacionado con situaciones de estrés o una sorpresa desagradable.

**GUATEQUE**
Reunión informal o fiesta, a menudo con música y baile. Suele ser un evento relajado donde las personas se divierten juntas.

**SANTAS PASCUAS**
Expresa la finalización de un tema, indica que no se desea ni se necesita hablar más sobre ello.

**SANSEACABÓ**
Expresión utilizada para concluir un tema o asunto en discusión.

**PATATÚS**
Término coloquial que se refiere a un desmayo o una pérdida temporal de la conciencia debido a un *shock*, una sorpresa o una situación estresante. Señala una reacción exagerada de sorpresa o susto.

## *La tregua*

*La tregua* es una novela del autor uruguayo Mario Benedetti. Fue publicada en 1960 y narra la historia de Martín Santomé, un hombre mayor que trabaja en una oficina durante los últimos años antes de jubilarse. A medida que la historia se desarrolla, Martín experimenta un renacimiento emocional inesperado al enamorarse de Laura Avellaneda, una joven compañera de trabajo. La novela toca temas como el paso del tiempo, nuestra relación con el pasado, el amor en la madurez y la búsqueda de la felicidad en la última etapa de la vida. El autor utiliza una serie de palabras en su obra maestra para expresar y dar color a emociones complejas.

**ACAECIDO**
Algo que ha ocurrido o sucedido en el pasado.

**COMPUNGIDO**
Que siente pesar por algo que ha hecho mal, por compasión hacia sí mismo o hacia otra persona.

**DESAZÓN**
Sensación de malestar, inquietud o ansiedad. En el contexto emocional, puede denotar una sensación de preocupación o inquietud.

**INESCRUTABLE**
Difícil o imposible de comprender o averiguar.

**TEMPLE**
Estado de ánimo o disposición emocional que favorece el control de las emociones.

**BEODEZ**

Este término se relaciona con la embriaguez o el estado de estar borracho debido al consumo de alcohol.

**ESTENTÓREA**

Sonido o voz muy fuerte, estridente o resonante, a menudo en un sentido desagradable.

**RUBICUNDOS**

De un color rojo intenso o que tiene un tono rojizo.

**ADULAR**

Acto de elogiar o alabar excesivamente a alguien, a menudo con la intención de ganarse su favor o conseguir algo a cambio.

# SI HOY NECESITAS CAMBIAR DE PERSPECTIVA

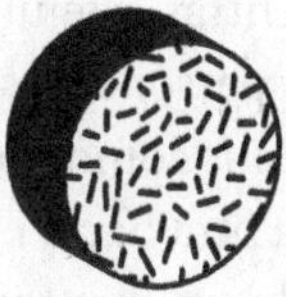

Hay momentos en la vida en los que nos sentimos atrapados en la rutina, que nos parece que el mundo es igual todos los días. Esto nos puede llevar a perder de vista nuevas posibilidades. En cambio, intentar ver las cosas con una nueva perspectiva puede ayudarnos a encontrar soluciones diferentes y a revitalizar nuestra energía. Modificar el enfoque nos puede acercar a oportunidades que antes ni siquiera habíamos percibido. Si hoy sientes que necesitas una nueva perspectiva, quizá estás a punto de dar el primer paso hacia un cambio positivo.

**MENTORES:**
**inspiración para el cambio**

Desde tiempos antiguos, los mentores han desempeñado un papel crucial. La palabra *mentor* proviene de la mitología griega: Mentor era el amigo y consejero de Odiseo (Ulises). En la *Odisea* de Homero, Mentor cuida y educa a Telémaco, el hijo de Odiseo, mientras este último está ausente. La relación entre estos dos personajes se convirtió en el modelo de lo que hoy conocemos como mentoría: una persona con experiencia que guía a otra hacia el crecimiento.

La importancia de un mentor radica en su capacidad para ofrecer una perspectiva fresca y objetiva. A menudo, estamos tan inmersos en nuestras propias experiencias que somos incapaces de encontrar soluciones a los problemas, nuevas oportunidades. Un mentor nos brinda una visión externa y nos ayuda a ver más allá de nuestras limitaciones.

El mentor no solo comparte conocimientos y experiencias, sino que también nos desafía a pensar de manera diferente. Este proceso es fundamental: al cuestionar las creencias que hemos asumido y animarnos a explorar nuevas ideas, facilita nuestro desarrollo personal y profesional.

## *Cambios personales*

**EIGENWIJS** (neerlandés)

Literalmente, «sabio por cuenta propia». Se refiere a alguien testarudo, terco, que se niega a conformarse con la expectativa o el protocolo, lo cual es percibido como una actitud boba y, sin embargo, admirable.

**TSUNDERE** (japonés)

Persona que al inicio es fría o distante, pero que luego muestra un lado más amable y afectuoso, un cambio de comportamiento.

**SENY** (catalán)

Capacidad de pensar, de tomar en consideración y ponderar todas las circunstancias que concurren en una situación para distinguir aquello que está mal y actuar de forma correcta.

**YINDYAMARRA** (wiradjuri)

Mostrar respeto; ir despacio; tener cuidado; pensar antes de actuar.

**ZEITGEIST** (alemán)

Literalmente, «espíritu del tiempo». Se refiere a las características y actitudes predominantes en un momento específico de la historia, que moldean las ideas, creencias y comportamientos de las personas de esa época.

## *Técnicas japonesas para vencer la pereza*

Estas prácticas, profundamente enraizadas en la cultura y la filosofía japonesas, proporcionan, a través de la reflexión, métodos prácticos para gestionar el tiempo y las tareas de manera más eficiente.

**HANSEI**
Práctica de autorreflexión crítica en la cual uno revisa y evalúa sus propias acciones y comportamientos con el objetivo de identificar errores y áreas de mejora, y fomentar así el crecimiento personal constante.

**NEMAWASHI**
Proceso de preparación y consulta basado en la discusión sobre ideas y la obtención de retroalimentación. Se lleva a cabo antes de implementar cambios para asegurar que las decisiones importantes se toman con consenso y por razones sólidas.

**MUDA**
Eliminación de desperdicios. Proceso a través del cual se identifican y eliminan aquellas actividades que no aportan valor.

**MURI**
Eliminación de sobrecarga para evitar la exigencia excesiva sobre los recursos o las personas y promover un flujo de trabajo equilibrado.

**MURA**
Eliminación de irregularidades, a medida que estabilizamos y hacemos consistente el flujo de trabajo, para evitar variaciones que puedan causar ineficiencias.

**POMODORO**

Técnica de gestión del tiempo que tiene su origen en Italia. Ideada por Francesco Cirillo a finales de los años ochenta, recibe el nombre del temporizador de cocina en forma de tomate que Cirillo utilizaba para cronometrar sus intervalos de trabajo. Se trata de dividir el tiempo en intervalos de veinticinco minutos, llamados *pomodoros*, e intercalarlos con breves descansos, para ayudar a mantener la concentración y gestionar la fatiga.

**MOTTAINAI**

Literalmente, «no desperdiciar». Promueve la utilización eficiente de los recursos y el tiempo, el hecho de dar valor a cada elemento y para evitar el despilfarro.

**ALÉTHEIA** (griego)
Concepto filosófico que se refiere a la sinceridad de los hechos y la realidad.

**EPISTEMOFILIA** (griego)
Amor al conocimiento, deseo intenso de aprender y conocer.

**FORMACJA** (polaco)
Estado de ánimo y cultura propios de una generación.

**LOTNOŚĆ UMYSŁU** (polaco)
Estado mental que es al mismo tiempo agudo, vivaz y ligero.

**LUTALICA**
Parte de tu identidad que no encaja en categorías. Descrita por John Koenig en *The Dictionary of Obscure Sorrows.*

**MERKWELT** (alemán)
Capacidad, basada en la percepción, de experimentar y manipular el propio mundo.

**OTIUM** (latín)
Condición de estar en control del tiempo propio; ocio, tiempo libre; tranquilidad, paz.

**VAGARY** (inglés)
Cambio inesperado o inexplicable de una situación o comportamiento.

**UNALOME:**
**tu camino a la iluminación**

El *unalome* es un símbolo sagrado en las tradiciones budista e hindú que representa el viaje hacia la iluminación. Comienza con una espiral en la base, que simboliza la confusión y los desafíos iniciales de nuestro camino. A medida que la espiral se desenrolla y las líneas se enderezan, la figura refleja el progreso hacia la claridad, cómo los cambios de perspectiva pueden transformar nuestra vida. La parte superior del símbolo, con líneas rectas y ascendentes, representa la iluminación y la conexión con el universo.

Hoy en día, el *unalome* se utiliza en joyas, tatuajes y otras obras de arte para recordarnos el valor del crecimiento espiritual y de la perseverancia. Este símbolo nos inspira para que podamos superar obstáculos y celebrar la transformación personal.

## *Sabiduría y transformación*

La sabiduría y la transformación son fundamentales para nuestro crecimiento personal. La sabiduría no solo implica acumular conocimientos, sino saber aplicarlos de manera reflexiva y ética. Esto impulsa la transformación, es decir, los cambios positivos en nuestra manera de ver y afrontar la vida. Ambas nos ayudan a enfrentar los desafíos y aprovechar las oportunidades.

**ARHAT** (sánscrito)
Individuo digno o perfeccionado; alguien que ha alcanzado la iluminación.

**DUM SPIRO SPERO** (latín)
Literalmente, «mientras respiro, espero». Expresa la idea de que mientras haya vida, hay esperanza.

**PANTA RHEI** (griego)
Todo fluye. Refleja la naturaleza constante del cambio.

## YING Y YANG:

### Equilibrio y armonía

Los conceptos de *ying* y *yang* provienen del taoísmo, una filosofía y religión china antigua que busca comprender la armonía del universo. Ambos representan dos fuerzas fundamentales, opuestas pero complementarias, y su interacción es la base del equilibrio y la armonía.

> **YING**
>
> Fuerza que representa lo femenino, la oscuridad, la pasividad y la receptividad. Energía que atrae y permite la introspección y la reflexión.
>
> **YANG**
>
> Fuerza que representa lo masculino, la luz, la actividad y la creatividad. Energía que impulsa y genera acción y expansión.

El *ying* y el *yang* son opuestos interdependientes que se manifiestan en todos los aspectos de la vida, como el día y la noche. Su equilibrio es esencial para la armonía. El símbolo que conforman ambos muestra que cada fuerza contiene una parte de la otra.

Aplicar los principios del *ying* y del *yang* en la vida diaria puede transformar nuestra perspectiva. Al equilibrar actividad y descanso, reflexión y acción, podemos lograr una existencia más armoniosa y satisfactoria. Esta filosofía nos enseña a ver las situaciones desde ambos lados, reconociendo que cada aspecto de la vida tiene su opuesto complementario.

# ANEXO: IDIOMAS

**AFRIKÁANS**

Lengua germánica derivada del neerlandés, hablada en Sudáfrica, Namibia y en algunas zonas del sur de Botsuana. Es una de las lenguas oficiales de Sudáfrica.

**AKAN**

Grupo de lenguas habladas en África Occidental, especialmente en Ghana y Costa de Marfil.

**ALEMÁN**

Idioma germánico occidental hablado en Alemania, Austria, Suiza y otras partes de Europa.

**AMÁRICO**

Idioma oficial de Etiopía, parte de la familia de lenguas semíticas. Tiene un sistema de escritura único llamado *Ge'ez*.

**ÁRABE**

Idioma semítico hablado en todo el mundo árabe, desde el norte de África hasta Oriente Medio. Es uno de los idiomas más hablados del mundo y tiene numerosos dialectos.

**BAINING**

Idioma hablado en Papúa Nueva Guinea, constituye una familia de lenguas *baining*.

**BAKWERI**

Lengua bantú hablada por el pueblo Bakweri en Camerún.

**BALINÉS**

Idioma de la isla de Bali en Indonesia, forma parte de las lenguas austronesias.

**BEMBA**

Idioma bantú hablado en Zambia y partes de la República Democrática del Congo.

**BORO**

Idioma tibeto-birmano hablado en el noreste de India, particularmente en el estado de Assam.

**BÚLGARO**

Idioma oficial de Bulgaria, idioma eslavo del sur escrito en el alfabeto cirílico.

**BULI**

Idioma hablado en Ghana y Togo.

**CATALÁN**
Idioma romance hablado en Cataluña, España, Andorra y algunas partes de Italia y Francia. Tiene similitudes con el español y el francés.

**CHECO**
Idioma oficial de la República Checa, eslavo occidental. Se escribe en el alfabeto latino con algunas letras adicionales.

**CHEROQUI**
Lengua amerindia que originalmente se hablaba en las regiones del sureste de los Estados Unidos.

**CHICHEWA**
Idioma bantú hablado principalmente en Malawi, Zambia, Mozambique y Zimbabue.

**CHINO**
Grupo de idiomas relacionados, siendo el mandarín el más hablado. Se caracteriza por su sistema de escritura con caracteres chinos.

**CINGALÉS**
Idioma oficial de Sri Lanka, perteneciente al grupo indoario.

**COREANO**
Idioma oficial de Corea del Sur y Corea del Norte. Tiene un sistema de escritura único llamado *hangul* y una estructura gramatical distintiva.

**CROATA**
Idioma eslavo del sur hablado en Croacia y en algunas comunidades croatas en otros países. Es uno de los idiomas oficiales de Croacia.

**DANÉS**
Idioma oficial de Dinamarca y una de las lenguas oficiales de Groenlandia y las Islas Feroe. Es una lengua germánica del norte con similitudes al sueco y al noruego.

**DAYAK**
Grupo de idiomas hablados por varias comunidades indígenas en la isla de Borneo, que abarca partes de Indonesia y Malasia.

**ESCOCÉS**
El idioma escocés, a veces conocido como gaélico escocés, es una lengua celta hablada en Escocia. Tiene similitudes con el irlandés gaélico.

**ESLOVENO**
Idioma oficial de Eslovenia, idioma eslavo del sur que utiliza el alfabeto latino.

**ESPAÑOL**
También conocido como castellano, es uno de los idiomas más hablados del mundo y el idioma oficial de España y la mayoría de los países de América Latina. Utiliza el alfabeto latino.

**ESTONIO**
Idioma oficial de Estonia, perteneciente al grupo de lenguas finesas.

**FRANCÉS**
Idioma romance hablado en Francia y en otras partes del mundo.

**FINÉS**
Idioma oficial de Finlandia, perteneciente al grupo de lenguas finesas. Tiene una gramática compleja y es reconocido por su fonética única.

**GADIGAL**
Lengua indígena australiana hablada por el pueblo Gadigal, que históricamente ocupaba la zona de lo que hoy es Sídney, Australia.

**GALÉS**
Lengua celta hablada en Gales.

**GALLEGO**
Idioma romance hablado en Galicia, una región autónoma en el noroeste de España. Tiene similitudes con el español y el portugués.

**GEORGIANO**
Idioma oficial de Georgia, con un sistema de escritura único.

**GRIEGO**
Idioma de gran antigüedad que ha evolucionado en el griego moderno. Es el idioma oficial de Grecia y Chipre, y tiene una importancia histórica y cultural significativa.

**GUARANÍ**
Idioma amerindio hablado en Paraguay y partes de Brasil y Argentina. Es uno de los idiomas oficiales de Paraguay.

**HAWAIANO**
Lengua polinesia de la familia austronesia de los nativos hawaianos en Hawái.

**HEBREO**
Idioma semítico hablado en Israel.

**HINDI**
Idioma oficial de la India, hablado por millones de personas en el subcontinente indio. Utiliza el alfabeto *devanagari*.

**HOKKIEN**
Dialecto del chino hablado en la región de Fujian en China y en comunidades chinas en el sudeste asiático.

**HÚNGARO**
Idioma oficial de Hungría, perteneciente a la familia de lenguas uralo-altaicas.

**HURÓN**
Lengua hablada por los hurones, una nación indígena de América del Norte.

**IFALUK**
Idioma hablado en la isla de Ifaluk en Micronesia, que forma parte de los Estados Federados de Micronesia.

**INDONESIO**
Idioma oficial de Indonesia, un país insular del sudeste asiático.

**INGLÉS**
De los idiomas más hablados del mundo, es oficial en varios países, incluidos Estados Unidos, Reino Unido, Canadá y Australia.

**INUIT**
Grupo de lenguas hablado por los pueblos inuit en las regiones árticas de América del Norte.

**IÑUPIAQ**
Idioma de los inupiat, un grupo de nativos de Alaska.

**IRLANDÉS**

Conocido como gaélico irlandés o simplemente gaélico (*Gaeilge* en irlandés), es una lengua celta que se habla en Irlanda. Es uno de los idiomas oficiales de la República de Irlanda y tiene un estatus de reconocimiento en Irlanda del Norte.

**IROQUÉS**

Grupo de varias lenguas indígenas habladas en América del Norte.

**ISLANDÉS**

Idioma oficial de Islandia, lengua germánica nórdica.

**ITALIANO**

Idioma oficial de Italia, es una lengua romance.

**JAPONÉS**

Idioma de Japón, conocido por su sistema de escritura complejo que combina caracteres chinos y silabarios japoneses.

**KIVILA**

Idioma hablado en Papúa Nueva Guinea.

**LAKOTA**

Pertenece a la familia de lenguas sioux hablada por los lakotas, una tribu indígena de América del Norte, principalmente en las Grandes Llanuras. Hablado con asiduidad en Dakota del Sur.

**LATÍN**

Lengua clásica de la antigua Roma que ha influido en muchas lenguas europeas. Aunque no se habla como lengua materna, sigue siendo importante en la lingüística y en el estudio de la historia.

**LETÓN**
Idioma oficial de Letonia, es una lengua báltica con similitudes al lituano y a otras lenguas bálticas.

**LITUANO**
Idioma oficial de Lituania, pertenece al grupo de lenguas bálticas.

**MALAYO**
Idioma que se habla principalmente en Malasia e Indonesia, es una lengua austronesia empleada en el sudeste asiático.

**MALGACHE**
Idioma de Madagascar, es una lengua malayo-polinesia.

**MANÉS**
Idioma de la Isla de Man, una dependencia de la Corona Británica, es una lengua céltica.

**MAORÍ**
Idioma de los maoríes en Nueva Zelanda, es una lengua polinesia.

**MAPUDUNGUN**
Idioma hablado por el pueblo mapuche en Chile y Argentina, es una lengua indígena de América del Sur.

**MAYA**
Grupo de lenguas habladas por los mayas en América Central y México, imperio conocido por su antigua civilización y sus jeroglíficos.

**MURRINHPATHA**
Idioma aborigen hablado en el norte de Australia por el pueblo Murrinh-Patha.

**NÁHUATL**
Idioma hablado por los aztecas en el México precolombino y que todavía se habla en algunas comunidades.

**NAVAJO**
Idioma de los navajos en el suroeste de los Estados Unidos, es una lengua nativa americana.

**NGAN'GIKURUNGGURR** y **NGEN'GIWUMIRRI**
Dos lenguas aborígenes habladas en Australia.

**NEERLANDÉS**
Idioma oficial de los Países Bajos y Bélgica, es una lengua germánica con similitudes al alemán y al inglés.

**NORUEGO**
Idioma oficial de Noruega, es una lengua germánica del norte con dos formas escritas principales: *bokmål* y *nynorsk*.

**PALI**
Antiguo idioma índico usado en los textos budistas.

**PERSA**
También denominado *farsi*, es el idioma oficial de Irán y hablado en otras partes de Asia Occidental y Central.

**PINTUPI**
Idioma aborigen hablado en Australia, específicamente en el desierto occidental de Australia.

**PITJANTJATJARA**
Idioma aborigen hablado en Australia Central por el pueblo Pitjantjatjara.

**POLACO**
Idioma oficial de Polonia, es una lengua eslava occidental.

**PORTUGUÉS**
Idioma oficial de Portugal, Brasil y varias otras naciones, es una lengua romance.

**QUECHUA**
Grupo de lenguas hablado en los Andes de América del Sur, conocido por su herencia incaica.

**RAPA NUI**
Idioma de la Isla de Pascua en Chile, es una lengua polinesia hablada en el océano Pacífico.

**RUKWANGALI**
Idioma bantú hablado en Namibia.

**RUMANO**
Idioma oficial de Rumanía, es una lengua romance oriental con influencias del latín.

**RUSO**
Idioma hablado en Rusia y otros países de la antigua Unión Soviética. Tiene un alfabeto cirílico.

**SAMOANO**
Idioma oficial de Samoa y Samoa Americana, es una lengua polinesia.

**SÁNSCRITO**
Antiguo idioma indio clásico, conocido por ser la lengua en la que se escribieron textos religiosos y filosóficos de la India.

**SERBIO**

Idioma oficial de Serbia y Bosnia y Herzegovina, es una lengua eslava del sur escrita en el alfabeto cirílico o latino.

**SESOTHO**

Idioma bantú hablado principalmente en Lesoto y Sudáfrica, con una rica tradición literaria y cultural, y uno de los once idiomas oficiales de Sudáfrica.

**SOMALÍ**

Idioma afroasiático de la rama cusítica, hablado tanto en Somalia, principalmente, como en partes de Yibuti, Etiopía y Kenia.

**SUECO**

Idioma oficial de Suecia, es una lengua germánica del norte hablada en Suecia y algunas partes de Finlandia.

**SWAHILI**

Idioma bantú hablado en gran parte de África Oriental, sobre todo en Tanzania y Kenia.

**TAGALO**

Idioma oficial de Filipinas, es una lengua austronesia con influencias del español.

**TAILANDÉS**

Idioma oficial de Tailandia, es una lengua tai-kadai conocida por su tonalidad y sistema de escritura.

**TAMIL**

Idioma oficial de Tamil Nadu en la India y Sri Lanka, es una lengua dravídica.

**TIBETANO**
Idioma de Tíbet y algunas partes de China, es una lengua tibetana con un alfabeto tibetano único.

**TSHILUBA**
Idioma bantú hablado en la República Democrática del Congo, es uno de los idiomas nacionales del país.

**TULU**
Idioma dravídico hablado por el pueblo tuluva, en el suroeste de la India.

**TURCO**
Idioma oficial de Turquía, es una lengua túrquica hablada también en partes de Europa y Asia Central.

**ULWA**
Idioma hablado por el pueblo Ulwa en Nicaragua, perteneciente a la familia de lenguas Misumalpa.

**URDU**
Idioma oficial de Pakistán, es una lengua indoaria con influencias del persa y el árabe.

**VASCO**
También denominado euskera o vascuence, es la lengua preindoeuropea que se habla principalmente en el País Vasco en España y algunas partes de Francia.

**VIETNAMITA**
Idioma tonal y austronesio hablado por la mayoría de la población en Vietnam. Utiliza el alfabeto latino con letras adicionales y diacríticos para representar algunos sonidos.

**WAGIMAN**

Idioma aborigen hablado en Australia, específicamente en la región del Territorio del Norte.

**WIRADJURI**

Idioma aborigen australiano del pueblo Wiradjuri, hablado en la región central de Nueva Gales del Sur.

**XHOSA**

Idioma bantú hablado en Sudáfrica.

**YAGÁN**

Idioma de los yaganes, un pueblo indígena de Tierra del Fuego en Chile y Argentina.

**YIDIS**

Idioma germánico hablado por las comunidades judías ashkenazíes, especialmente en Europa del Este.

**ZULÚ**

Idioma bantú hablado en Sudáfrica y algunas partes de África Austral.